Johannes Uhlmann
Die Vorgehensplanung Designprozess für Objekte der Technik
mit Erläuterungen am Entwurf eines Ultraleichtflugzeuges

TUDpress

Johannes Uhlmann

Die Vorgehensplanung Designprozess für Objekte der Technik
mit Erläuterungen am Entwurf eines Ultraleichflugzeuges

TUD_press_

2005

Bibliografische Information der Deutschen Bibliothek
Die Deutsche Bibliothek verzeichnet diese Publikation in der Deutschen Nationalbibliografie; detaillierte bibliografische Daten sind im Internet unter http://dnb.ddb.de
abrufbar.

Bibliographic information published by Die Deutsche Bibliothek
Die Deutsche Bibliothek lists this publication in the Deutsche Nationalbibliografie;
detailed bibliographic data is available in the Internet at http://dnb.ddb.de

Professor Dr. phil. habil. Johannes Uhlmann
Technische Universität Dresden
Institut für Maschinenelemente und Maschinenkonstruktion
Lehrstuhl Technisches Design
01062 Dresden
Tel.:   03 51/46 33 57 52
Fax.:   03 51/46 33 57 53
E-mail: tdesign@rcs.urz.tu-dresden.de

ISBN 3-938863-20-X

© TUDpress
Verlag der Wissenschaften GmbH
Bergstr. 70 | D-01069 Dresden
Tel.: 0351/47 96 97 20 | Fax: 0351/47 96 08 19
http://www.tudpress.de

Inhalt

0. Zusammenfassung /Abstracts

Die Vorgehensplanung Designprozess ist der Versuch, den methodischen Entwicklungsablauf im Technischen Design mit dem generellen Vorgehen beim Entwickeln und Konstruieren z. B. nach VDI 2221 abzugleichen. Der Vorgehensplanung liegt eine Designdefinition zu Grunde. Daraus leiten sich das Erleben technischer Produkte als allgemeinste Zielstellung im Technischen Design und vier andere Hauptmerkmale für die Vorgehensplanung ab.

Die Darstellungsform der Vorgehensplanung ist die eines äußeren Organisationsschemas. In der Anwendung ist eine solche Vorgehensweise durch das Konzept der psychischen Tätigkeitsregulation hinterlegt, die als methodische Leitlinie angewendet wird.

Mit der retrospektiven Darstellung des Entwurfsablaufplanes eines Ultraleichtflugzeuges wird die Vorgehensplanung beispielhaft erläutert und mit Bildern aus dem Prozess und vom Ergebnis veranschaulicht. Die Erläuterung beginnt beim eher zufälligen Entstehen der Aufgabenstellung zu diesem Flugzeugprojekt.

Das Entwurfsbeispiel wird nach der Darstellung des Entwurfsablaufes den Beitrag abschließend unter dem Aspekt der Ästhetik und der psychischen Tätigkeitsregulation zusammengefasst und es wird ein hypothetisches Konzept der ästhetischen Entwurfshandlung für Objekte der Technik abgeleitet und vorgestellt.

Procedure planning for the design process of technical objects based on one design example

Procedure planning for the design process is an attempt to reconcile the differences between the methods within Product Design and the general procedures within Engineering Design, e.g. according to VDI 2221. A certain design definition underlies this planning. As a result, experiencing technical products becomes a universal goal within Product Design, and four additional main properties of the procedure planning can be identified.

Procedure planning is commonly represented as an external organisation scheme. In use, such an approach has been confirmed by the Action Regulation Theory, which is used as a methodic guide.

The retrospective description of the design process for an ultralight sailplane serves to illustrate and exemplify procedure planning, beginning with rather incidental emergence of the design assignment for this aircraft project.

After the depiction of the design process, the design example will be outlined – with regard to aesthetic and to action regulation. A hypothetical concept for aesthetically designing technical objects will then be derived and presented.

1. Zum Konflikt zwischen Konstruktionsmethodik und Design. Designdefinition

Der Vorgehensplan Designprozess ist der Versuch, den methodischen Ablauf im Technischen Design mit dem generellen Vorgehen beim Entwickeln und Konstruieren z. B. nach VDI 2221 [6] abzugleichen. Diese [6] Vorgehensplanung ist ein Expertisenergebnis und untersetzt durch die Anwendung von Forschungsergebnissen aus der Handlungs- und Regulationstheorie der Arbeitspsychologie [29, 30, 31]. Sie ist vor- [29, 30, 31] erst bestimmt für die Ausbildung von Novizen in der Studienrichtung Technisches Design an der TU Dresden. Für die Design-Experten wird da-

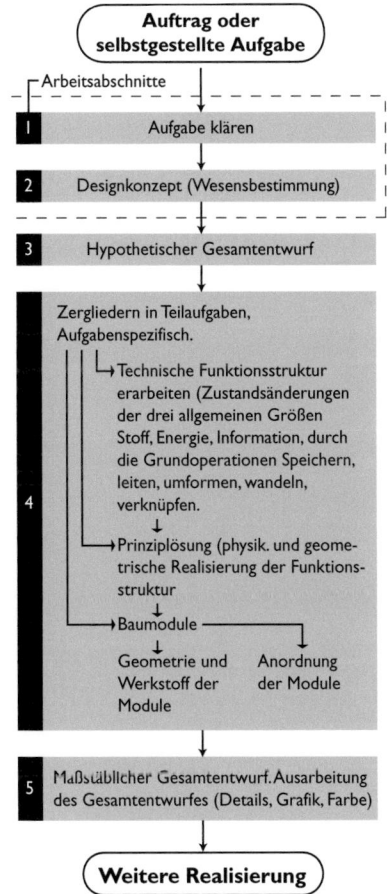

Bild 1
Vorgehensplan
Designprozess

von ausgegangen, dass sie ohnehin mehr oder weniger intuitiv nach dieser Vorgehensweise verfahren, was ein Expertisenergebnis ist.

Die Vorgehensplanung ist in der hier gezeigten Form eine für didaktische Zwecke vereinfachte Darstellung. Sie ist die gewissermaßen geradlinige sequenzielle Ausrichtung eines Ablaufes, der so in dieser schönen Ordnung möglicherweise nur selten stattfinden kann. Wohl aber sind die Inhalte der einzelnen Arbeitsabschnitte (AS) zutreffend, die in der Wirklichkeit vermischt untereinander auftreten. Dieses Ineinander trifft insbesondere auf die Abfolge der ersten drei Arbeitsabschnitte zu, während sich AS 4 „Zergliedern in Teilaufgaben" und AS 5 „Gesamtentwurf" in dieser Linearität tatsächlich abspielen.

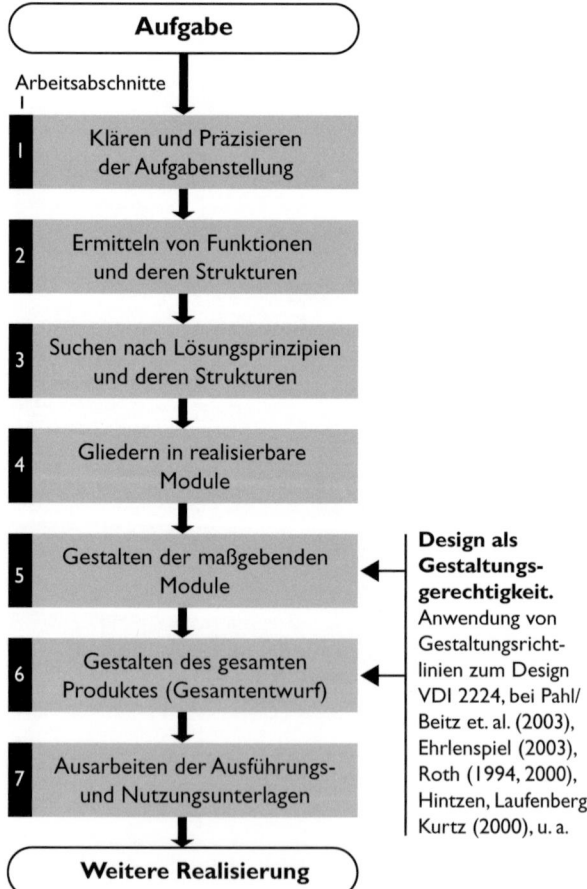

Bild 2:
Die Auffassung
von Design als
Gestaltungs-
gerechtigkeit

Die Schwierigkeiten für die Aufgabe einer Vorgehensplanung für den Designprozess ergeben sich aus unterschiedlichen Paradigmen, die der Konstruktionsmethodik und dem Technischen Design zu Grunde liegen. Im Zentrum der Paradigmen steht der Gesamtentwurf, der – vereinfacht gesagt – in der Konstruktionsmethodik „additiv" am Ende des Prozesses entsteht und im Technischen Design am Anfang, als Ergebnis des AS 3 „Hypothetischer Gesamtentwurf".

siehe Bild 1, Seite 3

Aus solchen Auffassungsunterschieden resultiert die Platzierung für das Design im konstruktionsmethodischen Ablauf. Aus der Literatur lassen sich zwei Orte für die Zuweisung des Designs erkennen, wobei hier der Ablauf nach VDI 2221 [6] zugrunde gelegt wird:

[6]

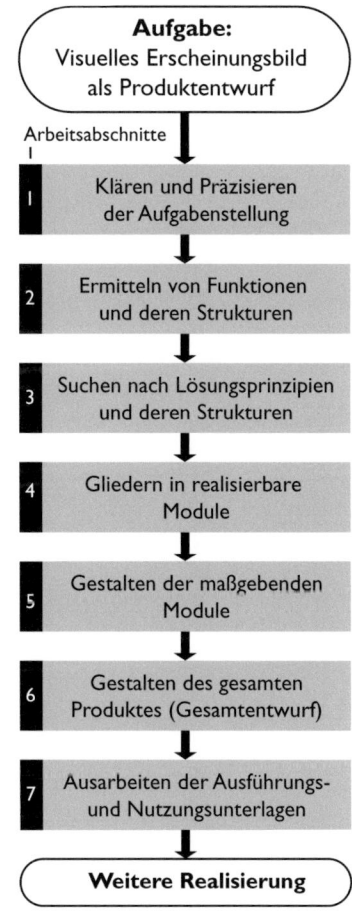

Aufgabe:
Visuelles Erscheinungsbild
als Produktentwurf

Arbeitsabschnitte

1   Klären und Präzisieren der Aufgabenstellung

2   Ermitteln von Funktionen und deren Strukturen

3   Suchen nach Lösungsprinzipien und deren Strukturen

4   Gliedern in realisierbare Module

5   Gestalten der maßgebenden Module

6   Gestalten des gesamten Produktes (Gesamtentwurf)

7   Ausarbeiten der Ausführungs- und Nutzungsunterlagen

Weitere Realisierung

Bild 3:
Zweite Auffassung
über das Design:
Konstruieren nach der
Vorlage bunter Bilder

5

1. Als Gestaltungsgerechtigkeit mit Richtliniencharakter zu den Arbeitsabschnitten 5 „Gestalten der maßgebenden Module" und 6 „Gestalten des gesamten Produktes" [6, 10 bis 14], u. a.

siehe Bild 2, [6, 10 bis 14], u. a.

2. Salopp gesagt: als „buntes Bild" mit Vorgabencharakter für Arbeitsabschnitt 1 „Klären und Präzisieren der Aufgabenstellung" [10, 11, 14, 15], u. a.

siehe Bild 3, [10, 11, 14, 15], u. a.

Diese dem Designverständnis widersprechenden Zuweisungen erscheinen zu einem Großteil durch das Design selbst verschuldet zu sein. Nur ein Beleg dafür ist die umfangreiche VDI/VDE Richtlinie 2424 Blatt 1-3 „Industrial Design" von 1986 und 1988 [7], die keinen für einen Ingenieur, der ja Zielgruppe dieser Richtlinie ist, nachvollziehbaren und integrierbaren methodischen Ablauf für das Design erkennen lässt. Selbst die Darstellung eines Ziels von Design nach dieser Richtlinie muss Ingenieuren suspekt erscheinen.

[7]

Fachinterne Bemühungen zum methodischen Design mit der Absicht passfähig zur Konstruktionsmethodik zu sein, gab es seit den 50er Jahren des vergangenen Jahrhunderts innerhalb des so genannten „Funktionalismus" als der damals vorherrschenden Gestaltungsdoktrin. [16, 17, 18, 19, 20, 21], u. a. Für den englischsprachigen Raum existiert eine gründliche Zusammenstellung in [22]. Der Funktionalismus war eine an der Umsetzung ergonomischer Erfordernisse am Produkt und der technologischen Realität orientierte Gestaltungsweise damaliger gesellschaftlicher Vernunft. Mit dem Slogan „der Funktionalismus ist tot" [8] Ende

[16, 17, 18, 19, 20, 21], u. a.
[22]

Design ist die Gesamtheit aller Fähigkeiten und Fertigkeiten, mit denen ausgehend von einer Aufgabenstellung bis zur Festlegung der Produktdokumentation die für das **Erleben**[1] des Produktes vorzugsweise beim Produktgebrauch notwendigen Informationen erarbeitet werden.

Erleben von Objekten des Technischen Designs soll an zwei grundlegende **paradigmatische** Voraussetzungen gebunden sein:

1. Das Designobjekt muss „richtig" sein, was die Erfüllung **objektiver** Kriterien (z. B. technischer, ergonomischer, wirtschaftlicher u. a. Forderungen) zur Voraussetzung hat und

2. es muss „gefallen", was ein **subjektives** Geschmacksurteil ist. Im Gedanken, der kleinsten Einheit des Denkens [28], sind beide Aspekte, einer Richtigkeit und des Gefallens, vereint.

[1] Erleben ist das Innesein und das Persönliche des Wissens und Handelns des Menschen (RUBINSTEIN zitiert nach [25])

Bild 4:
Designdefinition

Accessiore-Design	Technisches Design, (Industriedesign, Produktdesign)	Transportation-Design
Leuchten, Stühle, Spielzeug, Zitronenpresse, etc.	Maschinen, Anlagen, Geräte und technische Prozese	Automobile
↑	↑	
geringe technische Determiniertheit	hohe technische Determiniertheit	

Bild 5:
Abgrenzung des
Technischen Designs

der 60er Jahre wurde der fachinterne Paradigmenwechsel mit Öffnung zur Postmoderne vollzogen. Design verstand sich wieder der Kunst nahe stehend und neue Ausbildungsstätten entstanden zuhauf. Beliebigkeit war ein Ergebnis und das Interesse an einer zur Konstruktionsmethodik kompatiblen Designmethodik, verantwortet von der Disziplin selbst, geriet mehr oder weniger außer Interesse. Heute ist das offizielle Design auf vielen Gebieten zu einem Marketingfaktor mutiert.

Auf die Ursachen dieser Konfliktsituation einzugehen, ist hier weder der rechte Ort noch steht der Platz für entsprechende Ausführungen zur Verfügung. Es wird nur eine Seite dieses Konfliktes gestreift, aber nicht an dieser Stelle, sondern erst im Zusammenhang mit den grundlegenden Merkmalen dieser Vorgehensplanung im zweiten Kapitel.

Die Vorgehensplanung Designprozess, praktiziert und entstanden an einer technischen Bildungseinrichtung und bestimmt für eine Designausbildung von Studenten mit abgeschlossenem Grundstudium Maschinenbau in einer eigenen Studienrichtung Technisches Design, entstand außerhalb eines allseits empfohlenen Paradigmenwechsels, ohne dass dieser übersehen worden ist oder negiert worden wäre.

Der seit Jahren entwickelten und praktizierten Vorgehensweise liegt die nachfolgende Designdefinition auf Bild 4 zu Grunde [23, 24], die in ihrer Formulierung hier sprachgestisch an eine Definition des Konstruierens bei EHRLENSPIEL [11] angelehnt ist.

[23, 24]

[11]

Zu Punkt zwei in der Designdefinition auf Bild 4 ist noch anzumerken: weil jeder Mensch über die Fähigkeit subjektiver Gefallens- oder Geschmacksurteile verfügt, wird dieses Subjektive subjektiv-allgemein und ist damit objektiv existent [5]. Ein Urteil, welches beide Sachverhalte

[5]

7

als Aspekte eines Gesamturteils beinhaltet, heißt nach KANT [5] „Ästhetisches Urteil". Ein Objekt, dessen objektive Richtigkeit festgestellt und dessen subjektive Richtigkeit bewertet wird, ist ein ästhetisches Objekt.

[4] Nur nebenbei sei angemerkt, dass RODENACKER [4] eine durchaus nahe stehende Auffassung über das Design vertreten hat.

siehe Bild 5, Seite 7 In der zweiten Spalte ist diese allgemeine Designdefinition auf Gegenstände des Technischen Designs bezogen und erhält damit ihre fachspezifische Ein- und Abgrenzung. Die sehr glückliche Bezeichnung „Technisches Design", die etwa 1990 aus Baden-Württemberg an die TU Dresden importiert und zuerst 1970 von Prof. Dr. H. STABE an der *[3]* Universität Stuttgart eingeführt wurde [3], erlaubt eine grobe Abgrenzung des Fachgebietes gegenüber anderen Betätigungsfeldern im Design in etwa so, wie auf Bild 5 wiedergegeben.

Als inhaltlicher Begründer und Urvater dessen, was heute Technisches Design genannt wird, muss jedoch der Berliner und Dresdner Hochschullehrer Prof. Rudi HÖGNER (1907-1995) seit 1953 bzw. 1960 *[1, 2]* angesehen werden [1, 2].

2. Die grundlegenden Merkmale der Vorgehensplanung Designprozess

Für die Vorgehensplanung Designprozess [26] wird von fünf grundlegenden Voraussetzungen bzw. Festsetzungen ausgegangen.

[26]

2.1 Alle technischen Objekte werden erlebt

Die grundlegende Auffassung, dass technische Objekte nicht nur funktionieren müssen usw., sondern unabhängig davon, ob man will oder nicht, **erlebt** werden gemäß der „Konstruktionsmerkmale des menschlichen Kopfes" und in diesem Zusammenhang eine ästhetische Bewertung erfahren – siehe hierzu die Definition auf Bild 4 – ist das allgemeinste und zentrale Bestimmungsstück für diese Vorgehensplanung. Daraus ergibt sich die Grundfunktion eines modern verstandenen Technischen Designs im metaphorisch bezeichneten Auftrag: **„Der Technik eine Seele geben".** Mit der Vorgehensplanung soll eine denkrichtungsweisende und methodische Empfehlung gegeben werden, um dieses Ziel erreichen zu können.

„Alle technischen Objekte werden erlebt".

Für Ingenieure, die an präzises Denken gewöhnt sind, wirkt diese sehr komplexe, weite und nur vage Formulierung unangenehm, kitschig und quallenhaft, man möchte sie daher nicht begreifen oder annehmen. Auch ohne eine Definition von „Erleben" zu kennen, weiß man, dass in diesem Begriff das Subjektive in der Wortbedeutung von persönlichen Gefühlen und Vorurteilen, Unsachlichkeit, Voreingenommenheit und Befangenheit [48] und letztlich Ungenauigkeit enthalten ist. Damit werden Qualitäten benannt, die es für die Entwicklung einer funktionstüchtigen, sicheren und gebrauchstauglichen Technik tunlichst zu vermeiden gilt.

[48]

Das Andere und Unvermeidbare ist, dass eine solche „richtige" Technik entsprechend der Konstruktionsmerkmale des menschlichen Kopfes, als eine Art wirkende Naturkonstante, eine subjektive Bewertung erfährt. Diese Einheit oder Ganzheit der subjektiven Bewertung des objektiv Richtigen soll mit dem Begriff des Erlebens zum Ausdruck gebracht werden.

Durch das Technische Design wird der Aspekt des Subjektiven im ganzheitlichen Erleben in das Entwerfen technischer Produkte eingebracht und zwar unabhängig davon, von wem der Entwurfsprozess getragen wird. Orientiert an der Physik und den klassischen Naturwissenschaften als wissenschaftliche Leitdisziplinen des 19. und 20. Jahrhunderts hat sich die Konstruktionsmethodik in Deutschland nachhaltig und endgültig in der Zeit nach dem zweiten Weltkrieg entschieden, sich im Prozess ihrer wissenschaftlichen Legitimation nach diesen Vorbildern auszurichten. Die noch sehr junge Designmethodik eiferte nach und trennte sich mit dem Aufkommen der Postmoderne wieder von ihrer Orientierung an den Naturwissenschaften. Im versuchten Anpassungsprozess an die Konstruktionsmethodik in der Zeit davor, die immer mächtiger und übermächtiger wurde, verleugnete und unterdrückte sie die Wahrnehmung und Hinwendung zu ihrer eigenen möglichen Aufgabe, die ihr zugefallen war, auch für das Subjektive im ganzheitlichen Erleben von Technik zuständig zu sein. Und zwar in dem Sinne, dass Technik als angenehm und mit Wohlgefallen bewertet und gebraucht werden kann, was man zwar wusste, aber in einer Zeit als es um die Befriedigung vordergründiger nahe liegender Bedürfnisse ging, für weniger bedeutungsvoll hielt. Vermutlich auch aus mangelndem Selbstbewusstsein versuchte die noch junge Disziplin in der Zeit nach dem zweiten Weltkrieg ihre Legitimation und Identität nach dem Beispiel der Konstruktionsmethodik zu gewinnen durch Verwissenschaftlichung dessen, was bisher auch ohne Wissenschaft gelang. Im Bemühen, eine gleichermaßen sichere Argumentationsbasis unter die Füße zu bekommen und ihre Herkunft aus der Kunst zu verleugnen, musste sich Designmethodik verheddern – ohne solche Gedankengänge hier weiterzuführen, soll doch deutlich werden, dass der eingangs geschilderte Konflikt zwischen Konstruktions- und Designmethodik eine tiefere Ursache im persönlichen und allgemeinen Umgang mit Subjektivität besitzt.

Dem Design wäre es zugefallen, Anwalt des Subjektiven zu sein als Bestandteil unser aller Erlebens, dem keiner entrinnen kann.

2.2 Verbindung mit der Konstruktionsmethodik

Die Vorgehensplanung Designprozess ist mit der Konstruktionsmethodik verschachtelt bzw. zu verschachteln. Die Vorgehensplanung Designprozess beinhaltet das Aufgreifen der durchgängig sachlogischen Vorgehensweise der Konstruktionsmethodik eingeschlossen ihrer Grundlagen. Im Sinne einer integrierten Produktentwicklung „erlebbares Produkt" lassen sich konstruktionsmethodische Vorgehensweise und Vorgehensplan Designprozess ineinander verschachteln, wie auf Bild 6 dargestellt ist.

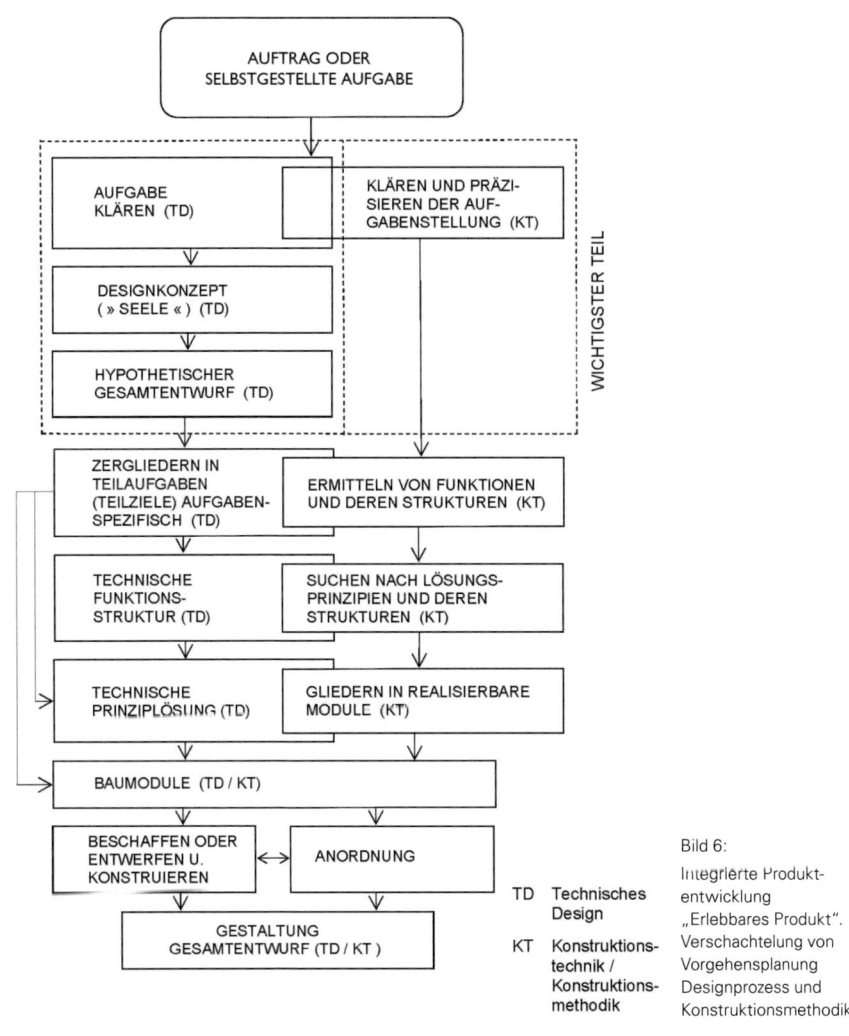

Bild 6:
Integrierte Produktentwicklung „Erlebbares Produkt". Verschachtelung von Vorgehensplanung Designprozess und Konstruktionsmethodik

TD Technisches Design

KT Konstruktionstechnik / Konstruktionsmethodik

11

Dem Wesen nach verwandte Vorgehensweisen werden in Industrieunternehmen praktiziert, wie das Beispiel für elektrische Handwerkzeuge der Firma Bosch von 1986 auf Bild 7 zeigen soll.

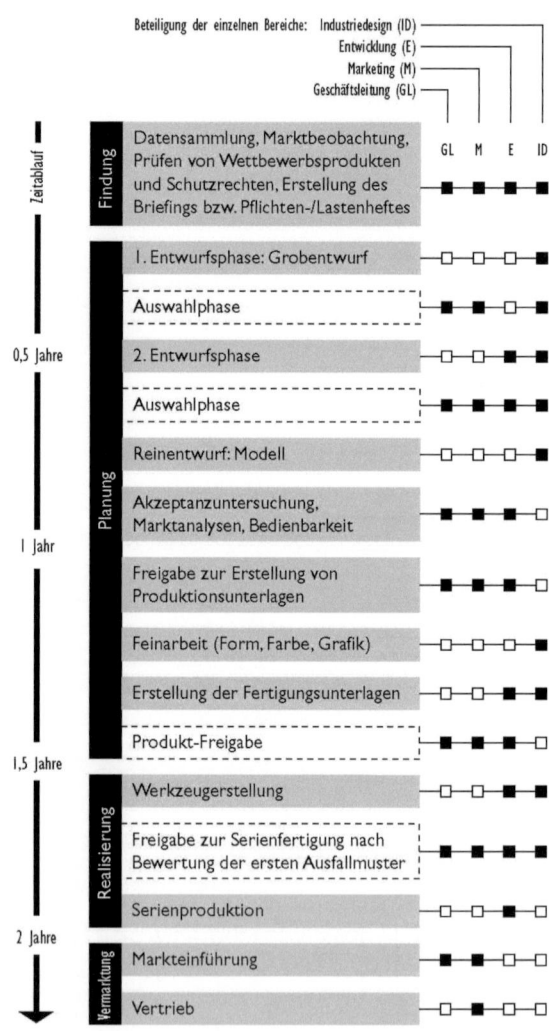

Bild 7:
Entwicklungsablauf elektrischer Handwerkzeuge bei der Firma Bosch [9]

2.3 Handlungsregulatorisch unterlegtes äußeres Organisationsschema

Die Vorgehensplanung Designprozess ist ein handlungsregulatorisch unterlegtes äußeres Organisationsschema. Sie gliedert nach einem äußeren Organisationsschema siehe Bild 1, welches durch die psychische Regulation dieser Tätigkeit nach HACKER [29], [30] und RICHTER [31] unterlegt ist, wobei die hier vermerkte Literatur nur ein Minimalausschnitt der Arbeiten dieser beiden Autoren und Anderer zu dieser Thematik ist.

[29, 30, 31]

Entwerfen ist eine schöpferische (kreative) bewusste und zielgerichtete Tätigkeit. Allen Tätigkeiten ist gemeinsam, dass sie einer inneren psychischen Regulation unterliegen, die stattfindet, unabhängig davon, ob man es möchte oder nicht. In etwa analog verhält sich der Regelkreis in der Technik.

Das Regulationsmodell ist folgendermaßen kurz beschrieben, wobei man des besseren Verständnisses wegen Bild 8 mit heranziehen muss. Darauf sind weitere Sachverhalte vermerkt, auf die hier nicht eingegangen wird.

Bild 8: Handlungsregulation.Modell der zyklisch-sequenziellen und hierarchisch-heterarchischen Struktur von Tätigkeiten.

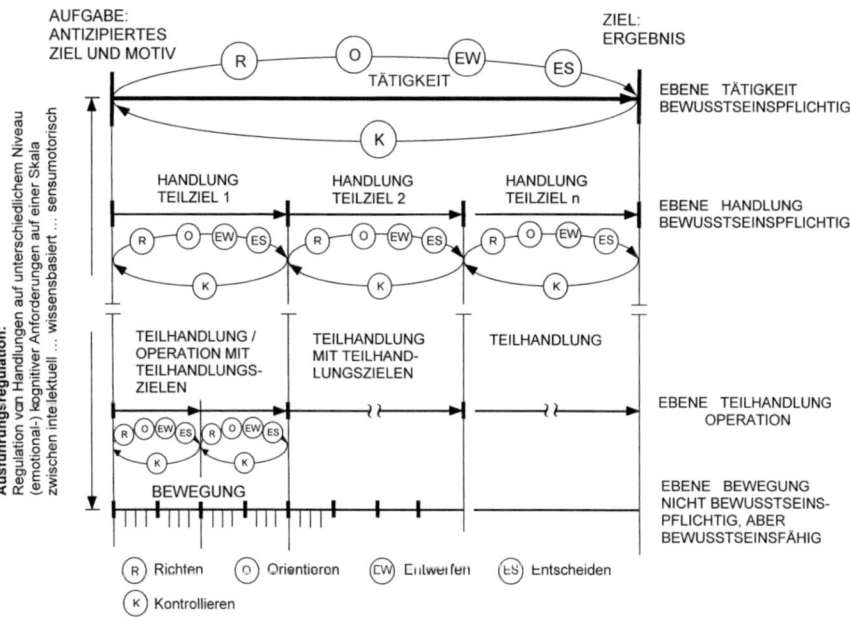

Tätigkeit – Handlung **Tätigkeiten** sind übergeordnete Verhaltenseinheiten aus Teiltätigkeiten oder Handlungsketten. Die Einheit der Tätigkeit ist die **Handlung**. Handlungen sind die kleinsten psychologisch relevanten Bestandteile einer Tätigkeit, die zeitlich und inhaltlich geschlossen auf ein Ziel gerichtet sind.

Die wichtigsten Kennzeichen der psychischen Regulation von Tätigkeiten sind die **Zielgerichtetheit** bei einer gleichzeitigen **sequenziell-zyklischen** und **hierarchisch-heterarischen** Organisation der Handlungskomponenten. Diese innere Organisation ist dabei abhängig

Auftrag – Aufgabe von den Erfordernissen des zu erfüllenden **Auftrages** bzw. einer **Aufgabe**
[30] [30].

Die Unterscheidung zwischen Auftrag und Aufgabe ist notwendig, weil der Begriff Auftrag einen juristischen und betriebswirtschaftlichen von der Person unabhängigen Sachverhalt bezeichnet. Aufgabe hingegen beinhaltet den Tatbestand des persönlich übernommenen Auftrages oder die Erfüllung einer selbst gestellten Aufgabe.

Zielgerichtetheit von Tätigkeiten und Handlungen bedeutet, dass bei ihrem Beginn eine Richtgröße vorhanden sein muss, welche gedanklich vorweggenommen (antizipiert) werden kann und woran sich das innere Geschehen orientiert. Diese Richtgröße ist das gedanklich vorweggenommene Ergebnis verbunden mit der Vornahme, es durch das eigene Tun zu erreichen. Antriebe zur Zielerreichung sind der **Wille** (die Volition) und die **Motivation**. Der Prozess der Zielerreichung findet in einem permanenten Vergleich zwischen jeweils erreichtem Ist- und erstrebtem Soll- Zustand eines Ergebnisses oder Zwischenergebnisses statt.

Dieses Geschehen ist nun in der Tätigkeit, Teiltätigkeit und Handlung zweifach reguliert, wobei die Vorgänge gleichzeitig stattfinden.

Die sequenziell-zyklische Organisation beschreibt den Ablauf in **Phasen**, die nacheinander (sequenziell) abzuwickeln sind. Die Aspekte „Richten", „Orientierten", „Entwerfen", „Entscheiden", „Kontrollieren" betreffen dabei das Ergebnis und die Organisation des Handlungsablaufes. Es entstehen linear angeordnete Handlungsketten aus Phasen, in denen sich die Komponenten des „Richtens", „Orientierens", „Entwerfens",

siehe Bild 8, Seite 13 „Entscheidens" und „Kontrollierens" zyklisch wiederholen ebenso wie in einer Handlung selbst.

In der hierarchisch-heterarchischen Handlungsorganisation auf über- bzw. untereinander geschichteten **Ebenen** werden für die Ausführung von Handlungen intellektuelle, perzeptiv-begriffliche und sensumotorische Anforderungen mit dazwischen liegenden Stufen unterschieden. Diese Anforderungen sind hierarchisch-heterarchisch ineinander geschachtelt, was bedeutet, dass Anforderungen einer höheren Ebene die der darunter liegenden beinhalten. Nicht alle Tätigkeiten benötigen für ihre Ausführung

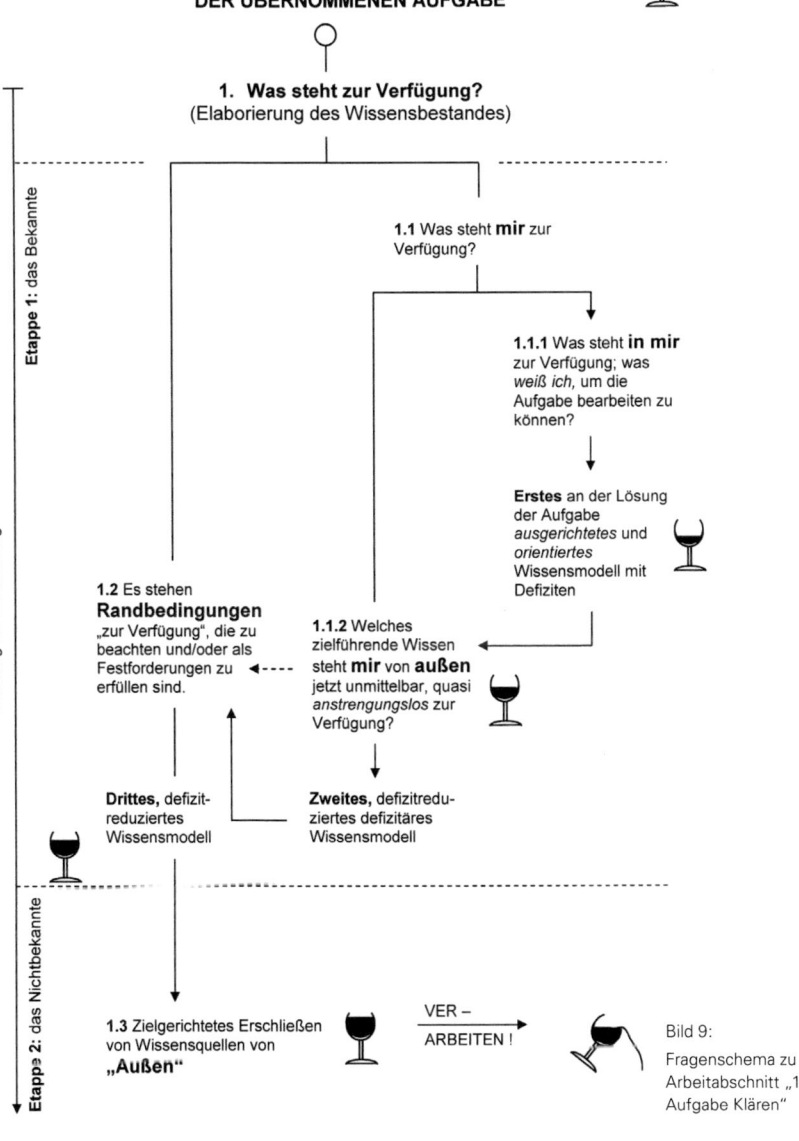

STARTPUNKT: ENTSCHLUSS ZUR BEARBEITUNG DER ÜBERNOMMENEN AUFGABE

Etappe 1: das Bekannte

Richtung der Bearbeitung

1. Was steht zur Verfügung?
(Elaborierung des Wissensbestandes)

1.1 Was steht **mir** zur Verfügung?

1.1.1 Was steht **in mir** zur Verfügung; was *weiß ich*, um die Aufgabe bearbeiten zu können?

Erstes an der Lösung der Aufgabe *ausgerichtetes* und *orientiertes* Wissensmodell mit Defiziten

1.2 Es stehen **Randbedingungen** „zur Verfügung", die zu beachten und/oder als Festforderungen zu erfüllen sind.

1.1.2 Welches zielführende Wissen steht **mir** von **außen** jetzt unmittelbar, quasi *anstrengungslos* zur Verfügung?

Drittes, defizit-reduziertes Wissensmodell

Zweites, defizitredu-ziertes defizitäres Wissensmodell

Etappe 2: das Nichtbekannte

1.3 Zielgerichtetes Erschließen von Wissensquellen von **„Außen"**

VER – ARBEITEN!

Bild 9:
Fragenschema zu Arbeitabschnitt „1 Aufgabe Klären"

15

intellektuelle Handlungserfordernisse. Bei allen Entwurfstätigkeiten hingegen sind sie als Grundcharakteristikum gegeben.

Der konkrete Ablauf der psychischen Regulation wird vom Inhalt der jeweiligen Aufgabe und dem hierfür benötigten Wissen bestimmt, das Regulationsgeschehen selbst ist jedoch unabhängig von konkreten Inhalten.

Das Eigentliche, was die Handlungs- und Regulationstheorie zu leisten vermag, ist einen effektiven, weil **regulatorisch ungestörten** Ablauf bei der äußerst anspruchsvollen Entwurfstätigkeit zu ermöglichen. Die Regulationsvorgänge sind ein hochkompliziertes und vielseitig determiniertes Geschehen und können als sensible Gebilde verbogen, fehlorientiert, unvollständig sowie über- und unterfordert und strapaziert, mannigfaltig gestört verlaufen. Eine korrekt reguliert verlaufende Entwurfstätigkeit wird von der Entwurfsperson als befriedigend erlebt.

Wendet man das hier nur grob und unvollständig skizzierte Regulationsmodell auf die Vorgehensplanung Designprozess an, so ergeben sich daraus unter anderem diese Allgemeinaussagen:

1. Ein geordneter Entwurfsablauf entsprechend der sequenziellen und hierarchischen Handlungsregulation ist denknotwendig, um zu einem Entwurf gelangen zu können. Das setzt ein akzeptiertes Ziel zu Beginn der Entwurfsarbeit ab Arbeitsabschnitt 2 „Designkonzept" voraus, welches durch gedankliches Bearbeiten und nicht durch die Suche nach anderen, neuen Einfällen zum Ergebnis geführt werden soll.

   Zielverfügbarkeit und handlungsregulatorisch korrektes Arbeiten sind einer äußeren Beobachtung zugänglich und daher auch pädagogisch beeinflussbar.

2. Typisch für vollständige Designaufgaben ist, dass zu Beginn kein im Sinne der Handlungsregulationstheorie brauchbares Ziel zur Verfügung steht. Mit der Übernahme als Aufgabe ist ein Aufgabenumfeld bestenfalls mit einem Zielgebiet entstanden. Zur Einengung des Aufgabenumfeldes oder Zielgebietes dient AS 1 „Aufgabe klären", um im AS 2 „Designkonzept" eine Zielfindung und -definition vorzubereiten.

   Die Handlungsregulationstheorie belegt überdeutlich, dass ohne Zieldefinition zu Beginn der Entwurfsarbeit kein planmäßig organisierter Handlungsablauf zur Zielerreichung möglich ist.

   Innerhalb der Arbeitsabschnitte 1 „Aufgabe klären" werden deshalb insgesamt fünf Methoden empfohlen, deren Wichtigste die Entwurfsplanung nach einem bestimmten Schema, das Führen eines Entwurfstagebuches und ein Frageschema „Aufgabe klären" sind. Das siehe Seite 15 Frageschema „Aufgabe klären" ist auf Bild 9 wiedergegeben.

Mit ihm soll das momentan verfügbare und vorhandene Wissen gesammelt und vorkonstruierend geordnet werden.

Da davon ausgegangen wird, dass **Designwissen** nicht nur auf Faktenwissen als von der Person unabhängigem Sachwissen beruht, sondern ganz wesentlich persönliches Wissen beinhaltet, kommt der Beantwortung der Frage 1.1.1 „Was steht *in mir* zur Verfügung; was *weiß ich* um die Aufgabe bearbeiten zu können?" besondere Bedeutung zu. Sie dient neben dem Erschließen von Faktenwissen vor allem der Wissensnutzung aus dem so genannten „Episodischen Gedächtnis" und es ist dabei notwendig, den gesamten Wissensbestand in der eigenen Person, wie er auf verschiedene interagierende Gedächtnisarten verteilt ist, zu evaluieren. Zur Bearbeitung existieren in der Person Barrieren, die durch besondere Hilfestellungen aber überwindbar sind. An Verfahren zum besseren Aufschließen wird zurzeit gearbeitet.

Designwissen = Fakten- und episodisches Wissen

siehe Bild 10

3. Handlungen des Entwurfszeichnens und -modellierens als in sich abgeschlossene und auf Grund des sensumotorischen Ausführungsteils von außen gut beobachtbare Verrichtungen verlaufen selbst psychisch reguliert ab. Sie sind Elemente des Gesamtregulationsgeschehens beim Entwerfen. Beim Zeichenhandeln und -modellieren können Regulationshemmnisse auftreten, denen steuernd entgegen gewirkt werden kann.

siehe hierzu auch Punkt 4

Wesentlicher Bestandteil einer Aufgabe ist das Ziel der Tätigkeit, das in ihr antizipierend vorweggenommen wird. In einem permanenten Vergleich zwischen momentanem Ist- und zu erreichendem Soll-Zustand vollzieht sich die Tätigkeit in einzelnen Handlungen als die psychologi-

Bild 10:
Gedächtnismodell

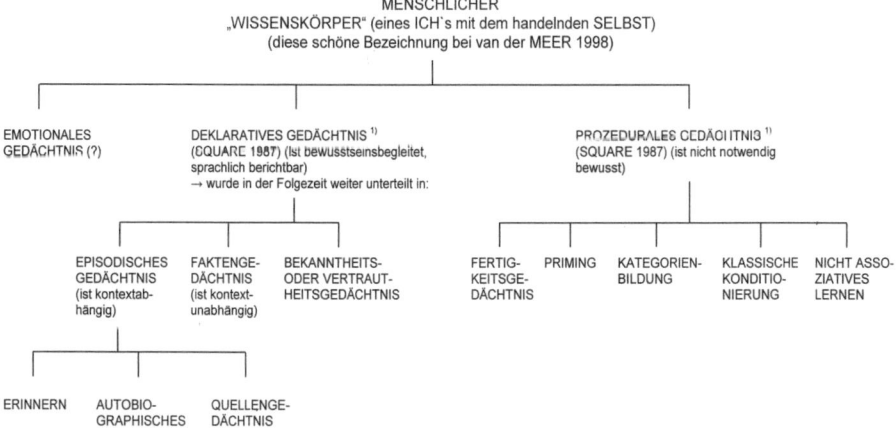

17

schen Einheiten dieser Tätigkeit. Das Willentliche der Tätigkeit und die persönliche Motiviertheit sind hierbei die Antriebsmechanismen, die sich zur Durchführung der Tätigkeit des Wissens der Person bedienen müssen. Die Vorgänge und Gesetzmäßigkeiten der Regulation in der Abfolge von auf ein Ziel gerichteten Handlungsfolgen sind der wesentliche Inhalt der psychischen Regulation von Arbeitstätigkeiten *[29, 30, 31]* [29], [30], [31] und es handelt sich darum, diese Gesetzmäßigkeiten beim Entwerfen bewusst einzukalkulieren.

Von der Anwendung von Grunderkenntnissen aus der psychischen Regulation von Arbeitstätigkeiten auf den Designprozess werden zu allererst **keine** besseren Entwurfsergebnisse erwartet. Vielmehr handelt es sich darum, den Entwurfsprozess als ein inneres geistiges Geschehen auf der Grundlage wissenschaftlicher Basiserkenntnis aus einem anderen Fachgebiet kontrollierend und bewusst steuernd beeinflussen zu können, indem die Theorie methodisch angewendet wird. Erwartet wird davon die bewusste Regulationsfähigkeit des internen Entwurfsgeschehens durch die Entwurfsperson selbst, um dadurch eine Effizienzerhöhung nach außen und innen erreichen zu können. Entsprechend der „Konstruktion des menschlichen Kopfes", die nachweislich seit den letzten 30 000 Jahren, mit Aussterben des Neandertalers auf Grund einer erstaunlichen genetischen Stabilität des Menschen, unverändert ist, laufen die Regulationsvorgänge und -mechanismen so ab, wie sie andeutungsweise und skizzenhaft dargestellt worden sind.

Ein handlungsregulatorisch korrektes Entwerfen ist für die Entwurfsperson mit dem Einhalten des zeitlichen Entwurfsplanes und einem befriedigenden Erleben der Tätigkeit sowie dem Ergebnis verbunden.

2.4 Entwurfszeichnen und -modellieren sind die Grundmethodik des Fachgebietes

Grundtätigkeiten des Fachgebietes sind das Entwurfszeichnen und das Entwurfsmodellieren. Sie sind zugleich die Grundmethodik des Fachgebietes mit dem Anspruch eines Alleinstellungsmerkmales in einem Entwicklungs- bzw. Entwurfsteam. Beim Entwurfszeichnen und -modellieren handelt es sich zuallererst um spezifische, auf den Entwurfsgegenstand gerichtete Denktätigkeiten [23], [27], aber auch [32], *[23, 27, 32, 33]* [33, u. a.]. Beide Grundtätigkeiten bilden Handlungseinheiten in einem psychisch regulierten Entwurfsablauf zwischen Anbeginn und Beendigung einer Entwurfsaufgabe als einem bewussten und zielgerichteten Prozess. Auf dieser Grundlage lässt sich die Handlungsregulationstheorie nicht nur für den Entwurfsablauf insgesamt, sondern, separiert für die beiden Grundtätigkeiten, als Abfolge im Design als entwurfsmethodischer Leitfaden anwenden.

2.5 Kaum explizites Methodenlernen notwendig

Ein Wesensmerkmal der Vorgehensplanung ist ihre Anwendung ohne sonderlichen Lernaufwand. Sowohl als äußeres Organisationsschema wie als Anwendungsmethodik psychologischer Theorie ist sie ein Ordnungsinstrument für Abläufe, wie sie ohnehin stattfinden. Gedacht für die Ausbildung von Novizen, dient sie der äußeren und inneren Strukturierung beim Entwerfen und wird im Wesentlichen gelehrt durch allerdings stringente Hinweise des Lehrpersonals zur Anwendung der Methoden bei der Betreuung studentischer Ausbildungsprojekte. Der sinnvolle Gebrauch der Vorgehensplanung ist abhängig vom Fachkönnen der Entwurfsperson und in dessen Erwerb integriert.

Die Vorgehensplanung nach Bild 1 sieht keine Rücksprünge vor. Wenn *siehe Seite 3* sie dennoch erforderlicher sind, lassen sie sich als vermeidbare oder unvermeidbare Fehler erkennen und häufig korrigieren; vorausgesetzt, der Entwerfer ist hierzu willens.

3. Erläuterungen der Vorgehensplanung an einem Entwurfsbeispiel

3.1 Zum Entwurfsbeispiel und der gewählten Darstellung

Als Beispiel dient der Entwurf und die Entwicklung eines Ultraleichtflugzeuges bis zum erreichten Ergebnis unter anderem eines Flugerprobungsmodells im Maßstab M 1:3. Mit einem solchen Modell können in einem Flugerprobungsprogramm etliche Eigenschaften eines real großen Prototypen im Zeitlichen vorab untersucht werden. Im Vorgriff auf die Darstellung des Prozesses zeigt Bild 11 zunächst ein *siehe Seite 20* Computerrendering des Flugzeuges, welches aber erst als Ergebnis der Entwicklung entstanden ist bzw. entstehen konnte.

Man kann fragen, inwieweit dieses Objekt repräsentativ für „Techniken" entsprechend dem Titel dieser Veröffentlichung ist, wenn man dabei z .B. an typische Maschinenbauprodukte denkt. Man kann in einem Flugzeug aber auch einen so vollendeten Gegenstand sehen, dass man fragen könnte, was es hier noch zu entwerfen gibt. In der Tat wird kaum jemand Zweifel daran haben, dass gerade moderne Segelflugzeuge zu den schönsten technischen Objekten gehören, die man sich vorstellen kann. Dieses Beispiel wurde gewählt, weil seine Entwicklung aus anderen Gründen als für eine Veröffentlichung von Anbeginn gut dokumentiert ist. Es ist daher geeignet, die handlungsregulatorische Seite des Entwerfers wenigstens ansatzweise mit darstellen zu können.

Zur Zeichnungsqualität in den Bildern der Beispieldarstellung ist anzumerken, dass diese an sich rein „private" Zeichnungsskizzen sind. Sie dienten als Arbeitsmittel zur Lösungsfindung und waren niemals zum „Vorzeigen" bestimmt, d. h. dazu veröffentlicht zu werden. Solche Skizzen und Zeichnungen werden normalerweise keiner Öffentlichkeit preisgegeben, weil ihre darstellerische Qualität dafür nicht ausreichend ist und man sich dem Verdacht aussetzen würde, nicht zeichnen zu können. Ihre Funktion besteht einzig darin, einen momentanen Ergebnisinhalt des Arbeitsgedächtnisses auszulagern und als externen Speicher weiter zu verwenden.

Dieses Erläuterungsbeispiel ist ein Expertenentwurf, an dem viele Novizen beteiligt gewesen sind. Es entspricht einer so genannten **vollständigen Designaufgabe**. Davon wird gesprochen, wenn eine Aufgabe die Anwendung aller fachinternen Möglichkeiten und des gesamten Potenzialvermögens des Fachgebietes Technisches Design von Anbeginn einer Aufgabenbearbeitung bis zum abschließenden Ergebnis gestattet.

Die Erläuterung erfolgt objektorientiert am Flugzeug, wobei die vorgehensplanerischen Sachverhalte entsprechd der Arbeitsabschnitte des

Bild 11:
Computerrendering des
Entwurfsergebnisses

Organisationsschemas geordnet sind und zusammenfassend, aspektweise handlungsregulatorisch interpretiert werden. Dieses Beispiel kann als handlungsregulatorisch korrekt und weitgehend fehlerfrei angesehen werden, worauf besonders hingewiesen sei.

In der Erläuterung des Beispiels wird auf die technische Seite der Entwicklung nur nebenbei eingegangen, da Aerodynamik, Flugmechanik, Konstruktion, werkstoff- und herstellungstechnische Aspekte der Flugzeugentwicklung nicht zum Gegenstand dieses Beitrages gehören sollen, u. a. auch weil sie einer gewohnten ingenieurgemäßen Vorgehensweise entsprechen.

Die Aufgabe der Flugzeugentwicklung ist selbst gestellt und hat eine „Geschichte". Als die eigentliche Geschichte nach einer Vorgeschichte begann, war das ein außerordentliches, persönliches Ereignis. Deshalb ist die gesamte zeichnerische Entwurfsdokumentation datiert und aufgehoben worden. Das erst ermöglichte es, den Entwurfsablauf in seiner zeitlichen Reihenfolge darstellen zu können.

Aber die ganze Geschichte beginnt viel früher, 48 Jahre vor Beginn der vorzustellenden Ereignisse. Relevante Inhalte des Fakten- sowie Bekanntheits- und Vertrautheitsgedächtnisses nach Bild 10 wurden bei der handlungsregulatorisch untersetzten Erläuterung des Entwurfsbeispieles unberücksichtigt gelassen. *siehe Seite 17*

Zutreffend für das Gesamte ist ein von LAUCKEN-Zitat: „Die Geschichte als sinnstiftende Kontexteinheit" ([34], Seite 33). *[34]*

Ursprünglich existierte gar keine Aufgabe. Es gab ein auslösendes Ereignis bzw. einen Auslöser, der über mehrere Zwischenstufen zur Aufgabe des Ultraleichtflugzeuges führte. Das auslösende Ergebnis betrifft ein Flugmodell und mit dessen Geschichte wird die Darstellung begonnen.

3.2 Anfängertaugliches „unkaputtbares" Flugmodell

Mit dieser Episode wurde eine ganze Kaskade von Ereignissen losgetreten, die zu der Absicht des Entwurfes eines manntragenden dreiachsgesteuerten Ultraleichtflugzeuges geführt haben.

3.2.1 Auslöseereignis

Initial- oder Auslöseereignis war die Häme eines befreundeten Fachkollegen: „Du bist doch Flugmodellbauer, warum hast Du noch nichts mit diesem Material gemacht? – Da muss ich dich erst mal wieder darauf bringen!" – Zurückgelehnt und mit jovialem Grinsen spielte er mit seinem gummiartigen Werkstoff[1].

[1] leichter, aufgeschäumter Werkstoff mit der Handelsbezeichnung „Torcellen"

3.2.2 Aufgabe und Aufgabe klären (AS 1)

Das Auslösereignis wird zur Aufgabe, indem die „Häme" als Entschluss zur Aufgabenbearbeitung angenommen wurde. Die „Häme" wird mit Freude als eine persönliche Herausforderung aufgefasst.

Erste Schritte zu „Aufgabe klären":
Als explizites Startwissen im betretenen Aufgabenumfeld steht „Flugmodell" und „Material" zur Verfügung in einem Kontext aus Fakten sowie anderem Wissen im deklarativen Gedächtnis und zum Teil ausgeprägten Fertigkeiten im prozeduralen Bereich .

siehe Bild 10

Zielsuche:
Es ist ein Ziel zu finden, welches die Bearbeitung der Aufgabe erst ermöglicht.

Frage nach einer Wesensbestimmung des Objektes:
Was für ein Flugmodell soll entwickelt und unter welchen Bedingungen kann diese Aufgabe erfüllt werden?

3.2.3 Designkonzept (AS 2)

Gefundenes Ziel: ein „unkaputtbares" Flugmodell mit reinem Zweckcharakter für Einsteiger in den funkferngesteuerten Modellflug. Dieses Ziel entspricht dem Inhalt von AS 2 „Designkonzept" und bildet einen Teil des Leitgedankens für die weitere Entwurfsarbeit.

Bild 12:
Befreundeter Kollege und
gummiartiger Werkstoff[1]

Dieses Konzept stützt sich auf eine statistische Marktbetrachtung zu bestimmten Flugmodellparametern. Die Materialbeschaffung hierfür und Untersuchungsdurchführung war Bestandteil von AS 1 „Aufgabe klären". Ausgangspunkt hierzu war die durch eigene Erfahrungen gestützte These, dass im Aufgabenbereich kaum geeignetes Flugmodellgerät verfügbar ist, was durch die Untersuchung bestätigt wurde.

Grundlage für das Konzept, welches im Grunde genommen noch kein vollständiges Designkonzept gewesen ist, war die Kenntnis der besonders bruchgefährdeten Zonen beim Flugmodell: Bug des Rumpfes beim Absturz, Frontalcrash; Biegemomente im Leitwerksträger in der gleichen Situation, Tragflächenbelastung bei ungenügender Abschermöglichkeit vom Flugzeugrumpf und einige andere.

Erst viel später wurde die Bezeichnung „Edles Teil" als generalisierte Konzeptbenennung auf einer begrifflichen Oberebene gefunden, wobei an ein Holzblasinstrument – etwa eine Oboe, ein Fagott oder eine Klarinette – gedacht worden war. Der Entwurf eines bruchunempfindlichen anfängertauglichen Zweckmodells, welches ein solches „Edles Teil" zu sein vermag, steht noch aus.

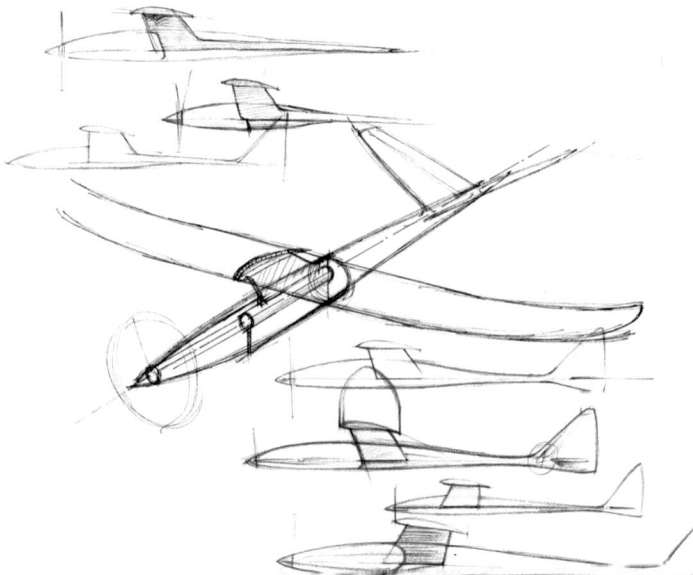

Bild 13:

Auswahl von Zeichnungsskizzen zum anfängertauglichen bruchunempfindlichen Flugmodell

23

3.2.4 Hypothetischer Gesamtentwurf (AS 3)

Der Arbeitsabschnitt 3 bestand in zeichnerischen Überlegungen zum Ausführen des Leitgedankens:

Leitgedanke „Bruchunempfindliches anfängertaugliches Zweckmodell"

Für diesen Übergang vom Designkonzept zum hypothetischen Gesamtentwurf reichten wenige Zeichnungsskizzen aus, weil schon im Arbeitsabschnitt 2 nur im „Kopf" eine relativ klare Vorstellung vom Modell entstanden war, ohne dass gezeichnet wurde. Beispiele für Zeichnungen im Arbeitsabschnitt „Hypothetischer Gesamtentwurf" sind auf Bild 13 und 14 wiedergegeben.

siehe Seite 23 und 24

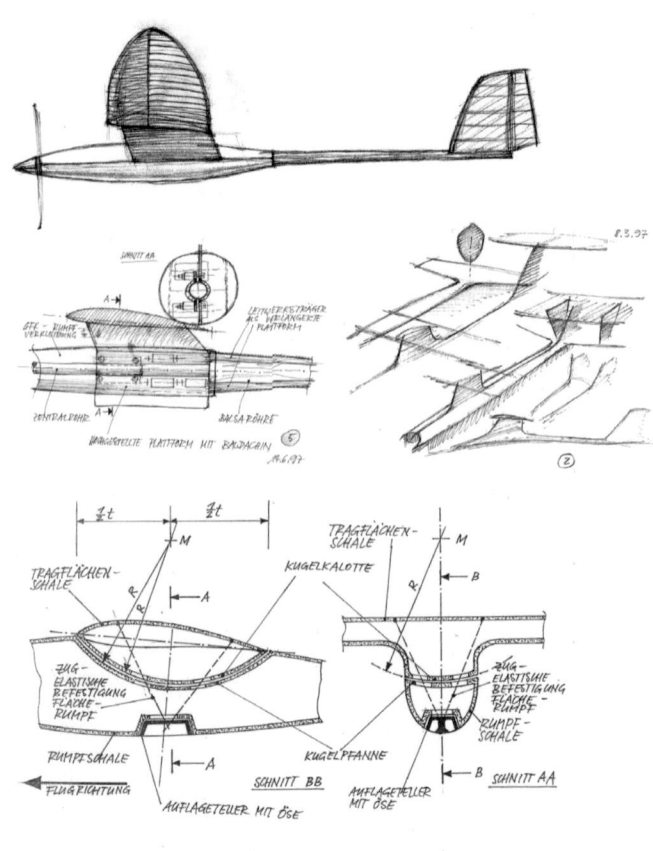

Bild 14:
Zeichnungen zum hypothetischen Gesamtentwurf, wie sie teilweise für eine Patentanmeldung zu Grunde gelegen haben bzw. ausgeführt worden sind

Der Werkstoff[1] der „Häme" ist ungeeignet und wird verworfen.

Es entsteht eine zum Patent angemeldete Lösung eines modular aufgebauten Flugmodells in verschiedenen Modellkonfigurationen mit untereinander auswechselbaren Antriebslösungen. In der Patentanmeldung
wird z. T. noch der „Häme"-Werkstoff unterstellt. Nebenbei entstand das
Projekt „Flugmodelltechnik", welches zur fakultativen, fachübergreifenden
Zusammenarbeit für Ingenieurstudenten angeboten wurde.

Patent

[1]leichter, aufgeschäum-
ter Werkstoff mit der
Handelsbezeichnung
„Torcellen"

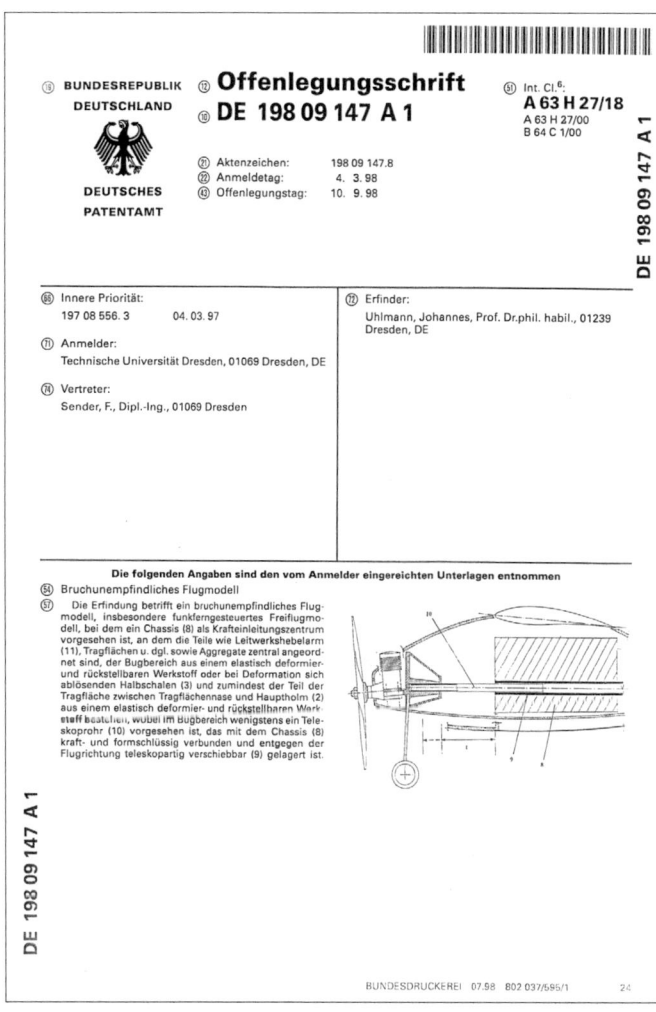

Bild 15:

Deckblatt der
Offenlegungsschrift
DE 198 09 147 A1 der
Patentanmeldung zum
bruchunempfindlichen
Flugmodell

3.2.5 Zergliedern in Teilaufgaben und Gesamtentwurf

Eine Konfiguration des modular aufgebauten, hypothetischen Gesamtentwurfes, genannt ARCUS 1, wird aerodynamisch und flugmechanisch ausgelegt, konstruktiv durchgearbeitet und baulich realisiert sowie in Flugerprobungen getestet.

Bild 16:
Explosionsdarstellung des modular aufgebauten Flugmodells zur Verwirklichung unterschiedlicher Modellkonfigurationen mit verschiedenen Antriebslösungen

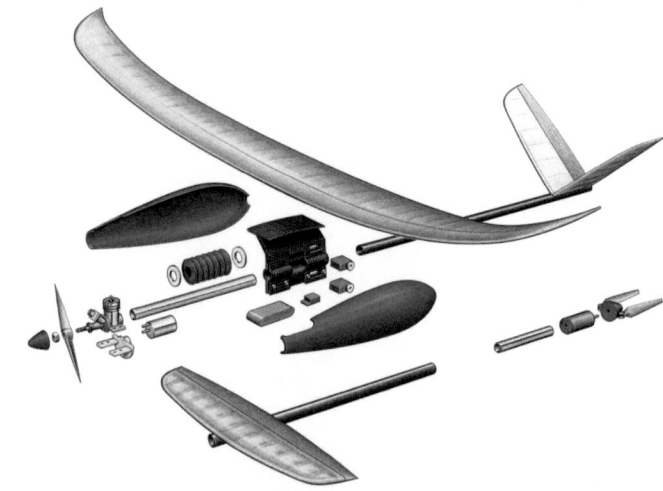

Bild 17:
Realisiertes Ausführungsbeispiel in Normalkonfiguration, Flugmodell: „ARCUS 1"

Bild 18: Flugbild des Ausführungsbeispieles „ARCUS 1"

4. Ein Zwischenereignis (Initialereignis)

Ziel: Tragflächenprofil finden für „ARCUS 1"

Dieses Zwischenereignis ist zeitlich Bestandteil von AS 3 „Hypothetischer Gesamtentwurf" für das Flugmodell gewesen. Am 7. Februar 1997 fand nach Feierabend eine Fachdiskussion unter Experten (einem mehrfacher Europameister in einer Modellflugklasse, einem Strömungsmechaniker mit einer Leidenschaft zur Flugmodelltechnik und dem Autor) zur Auswahl eines geeigneten Tragflächenprofils statt.

Bild 19:
„ARCUS 1" mit Experimentaltragfläche zum überschlägigen Vergleich zwischen rechnerisch ermittelter und realer Fluggeschwindigkeit

Bild 20:
Konfiguration eines Entenflugmodells mit Komponenten von „ARCUS 1"

Beim fröhlichen Auseinander- und Nachhausegehen fiel von irgendeinem der drei Herren die Bemerkung als Angebot einer denkbar möglichen Aufgabe:

mögliche neue Aufgabe **„Könnten wir nicht eigentlich auch ein richtiges Flugzeug machen?,"**

wobei schon an ein Ultraleichtflugzeug (UL) gedacht war. Dieser Gedanke, zwar im Übermut ausgesprochen, war dennoch überaus reizvoll und es lohnte sich vielleicht, näher darüber nachzudenken.

5. Eine evolutionär reifende neue Aufgabe

5.1 Aufgabe und Aufgabe klären

5.1.1 Prüfung zu einer Annahme der übermütigen Äußerung als Aufgabe

Am 8. und 9. Februar 1997 beginnt die Aufgabenprüfung bei hoher Motiviertheit zur Aufgabenannahme aufgrund der Herausforderung eines solchen Projektes. Die Grundeinstellung ist, dass diese Aufgabe nicht machbar ist. Grob zu prüfen ist ihre tatsächliche Machbarkeit.

Allgemeines Ziel eines solchen Projektes kann eine Forcierung der fachübergreifenden studentischen Zusammenarbeit an einem spektakulären und begeisterungstauglichen Projekt sein. Damit existiert zu Beginn nur ein Motiv (später kommt dazu: „damit diese meine Idee verwirklicht werden kann") vorerst ohne konkreten Entwurfsgegenstand im Sinne eines antizipierbaren gegenständlichen Entwurfsergebnisses.

Frage 1:

Wer müsste als Kernkompetenz für ein solches Projekt zusammenarbeiten, damit es durchführbar wäre: **Wer** macht **was** mit **wem**?

Bild 21:
Wer macht was mit wem?

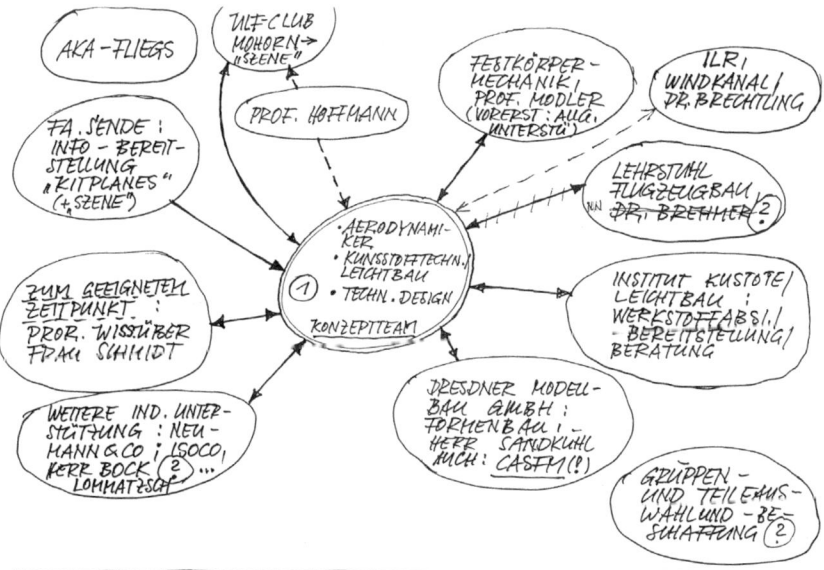

1. PHASE : ULF - PROJEKT TUD → INFOBESCHAFFUNG. STAND 16.2.97
(PRINIZIPPLAN : 8./9.2.97)

siehe Bild 22 Frage 2:

Wie müsste ein solches Projekt mit welchen Teilzielen ablaufen?

Ergebnis der Prüfung:
Erstaunen und Einschätzung sowie Entscheidung: ein solches Projekt ist an der Universität bei einem Minimum an Abhängigkeiten nach Außen durchführbar.

Daraus ergibt sich eine ganz neue **Aufgabe** als eine weitere **Etappe** des mit einer „Häme" begonnenen Gesamtgeschehens.

siehe Bild 21 Frage 1: Wer macht was mit wem?

siehe Bild 22 Frage 2: Wie müsste ein solches Projekt mit welchen Teilzielen ablaufen?

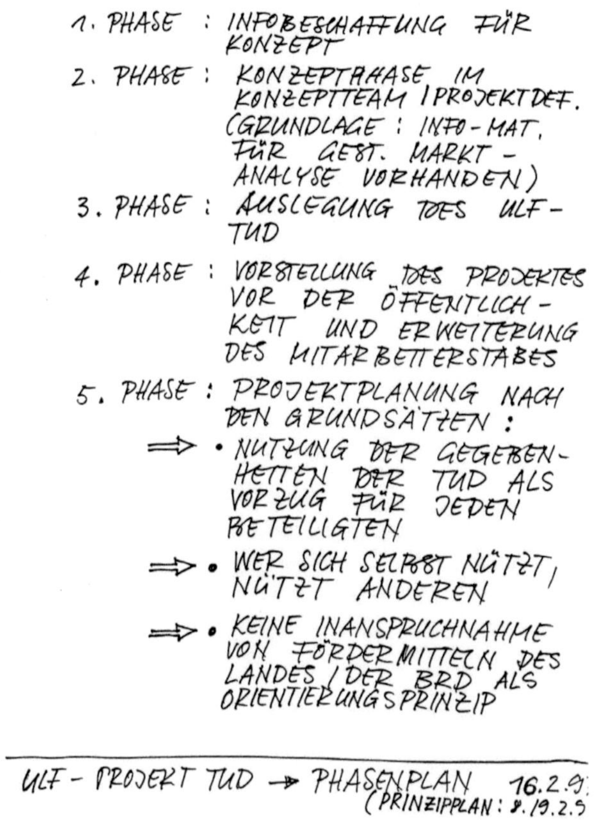

1. PHASE : INFOBESCHAFFUNG FÜR KONZEPT

2. PHASE : KONZEPTPHASE IM KONZEPTTEAM / PROJEKTDEF. (GRUNDLAGE : INFO-MAT. FÜR GEST. MARKT-ANALYSE VORHANDEN)

3. PHASE : AUSLEGUNG DES ULF-TUD

4. PHASE : VORSTELLUNG DES PROJEKTES VOR DER ÖFFENTLICH-KEIT UND ERWEITERUNG DES MITARBEITERSTABES

5. PHASE : PROJEKTPLANUNG NACH DEN GRUNDSÄTZEN :
⟹ • NUTZUNG DER GEGEBEN-HEITEN DER TUD ALS VORZUG FÜR JEDEN BETEILIGTEN
⟹ • WER SICH SELBST NÜTZT, NÜTZT ANDEREN
⟹ • KEINE INANSPRUCHNAHME VON FÖRDERMITTELN DES LANDES / DER BRD ALS ORIENTIERUNGSPRINZIP

ULF - PROJEKT TUD → PHASENPLAN 16.2.9. (PRINZIPPLAN : 8.19.2.5

Bild 22:
Erste Vorstellungen zu einer organisatorischen Ablaufsplanung

5.1.2 Die Aufgabe in allgemeiner Formulierung

Die evolutionär entstandene und danach, nach neun Tagen, am 16.02.1997 formulierte Aufgabe nach dem „Zwischenereignis" am 07.02.1997 lautet nun:

„Entwicklung und Prototypenrealisierung
eines Ultraleichtflugzeuges der TU Dresden"

Zwischenereignis

5.1.3 Weitere Schritte zu „Aufgabe klären"

Es existiert ein Aufgabenumfeld (Ultraleichtflugzeug, fachübergreifende Zusammenarbeit an der Universität, vorhandene unterschiedliche Fachkompetenz, Erfahrungswissen im Zusammenhang mit dem episodischen Gedächtnis des Autors u. a.) bei **hoher Motiviertheit** und dem **Willen** (Volition) zur Verwirklichung bei unscharfer Zielstellung.

Eine Antizipation des Entwurfsergebnisses ist wegen Fehlens des konkreten Entwurfsgegenstandes nicht möglich und damit auch keine zielgerichtete Handlungsplanung.

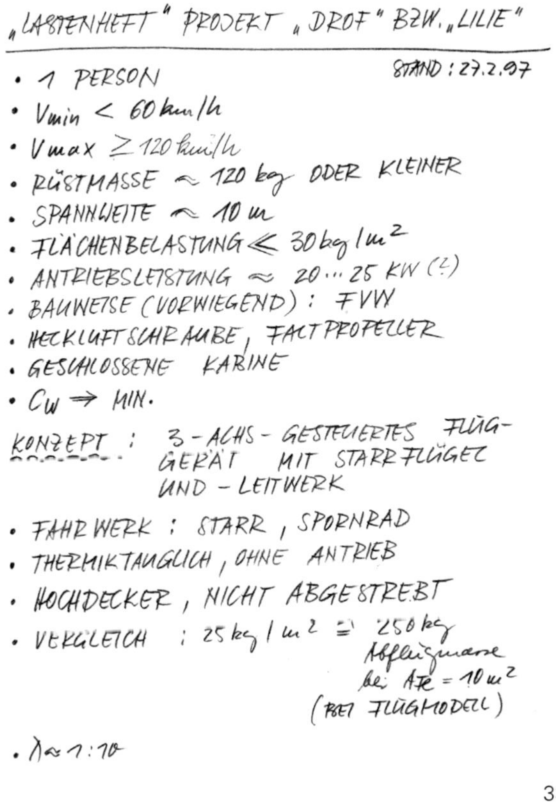

„LASTENHEFT" PROJEKT „DROF" BZW. „LILIE"
STAND: 27.2.97
- 1 PERSON
- $V_{min} < 60\,km/h$
- $V_{max} \geq 120\,km/h$
- RÜSTMASSE $\approx$ 120 kg ODER KLEINER
- SPANNWEITE $\approx$ 10 m
- FLÄCHENBELASTUNG $\leq 30\,kg/m^2$
- ANTRIEBSLEISTUNG $\approx$ 20...25 KW (?)
- BAUWEISE (VORWIEGEND): FVW
- HECKLUFTSCHRAUBE, FALTPROPELLER
- GESCHLOSSENE KABINE
- $C_W \Rightarrow$ MIN.

KONZEPT: 3-ACHS-GESTEUERTES FLÜG-
GERÄT MIT STARRFLÜGEL
UND-LEITWERK

- FAHRWERK: STARR, SPORNRAD
- THERMIKTAUGLICH, OHNE ANTRIEB
- HOCHDECKER, NICHT ABGESTREBT
- VERGLEICH: 25 kg/m² $\hat{=}$ 250 kg
Abgleichmasse
bei $A_R = 10\,m^2$
(BEI FLÜGMODELL)

- $\lambda \approx 1:10$

Bild 23:
Erster Lastenheftentwurf
vom 27.2.1997

Die Frage zur Wesensbestimmung des Objektes lautet:

Was für eine Art Flugzeug soll unter den gegebenen Bedingungen entstehen? Das ist die wichtigste Frage zur Findung eines Designkonzeptes.

siehe Bild 23 Am 27.2.1997 entsteht als Bestandteil des Arbeitsabschnittes 1 „Aufgabe Klären" ein erster Lastenheftentwurf, der aber im Entwurfsverlauf des Beispieles erst nach dem gefundenen Designkonzept entstanden ist.

5.2 Die Entstehung und Erarbeitung des Designkonzeptes

Vorausgehend zum ausschließlichen Stellen dieser Wesensfrage und im Grunde wider besseren Wissens über einen „guten" Entwurfsverlauf wurde am 16.02.1997 versucht, mit zeichnerischen Entwürfen zu beginnen, um bald die Vergeblichkeit einer solchen Bemühung zu erkennen. Es wurde innegehalten und ein Ausweg zunächst im Ausbreiten baustruktureller Möglichkeiten vor sich selbst vermutet, was noch am gleichen Tag erledigt wurde.

Nach einem Motivationstief und einer Karenzzeit von vier Tagen ab dem 16.02.1997 und einem Gesamtzeitraum von zwei Wochen seit dem Zwischenereignis vom 07.02.1997 entsteht am Abend des 20. Februar 1997 ein handschriftliches neun-Seiten-Papier (in den Unterlagen „Sonett" benannt), was eine Konzeptformulierung für eine begriffliche Oberebene enthält.

Dieser Zeitraum von 14 Tagen ist eine Merkwürdigkeit. Er entspricht in etwa der Zeit von 2 – 3 Wochen, die man im Transportation Design von einer ersten Bekanntgabe zu einem neuen Entwicklungsthema bis zur Offenlegung erster Ergebnisse verstreichen lässt – eher zufällig beobachtet wird dabei die Forderung nach einer solchen „Karenzzeit" auch bei der Entwicklung einer neuartigen Software zur mental aufwandsarmen CAD-Modellierung ästhetischer Freiformflächen.

Die Konzeptformulierung aus dem Sonett lautet in der darauf folgenden Inhaltsverdichtung:

Designkonzept **„Luftwandern, Fliegen als Selbstzweck, Fläche modelliert Luft"**

Diese Formulierung umschreibt einen Zielbereich im Aufgabenumfeld,
siehe Seite 36 der für die vorauseilenden Skizzen auf Bild 25 mehr oder weniger zutreffend sein könnte oder auch nicht. In einem hierarchischen
[35] Begriffsbildungssystem nach der so genannten Prototyptheorie [35] entspricht der Zielbereich im Aufgabenumfeld mit der Formulierung „Luftwandern, Fliegen als Selbstzweck, Fläche modelliert Luft" einer begrifflichen **Oberebene**. Eine oberbegriffliche Benennung soll vollständig die Merkmale von Objekten zusammenfassen, welche sich auf einer darunter liegenden Basisebene befinden. Oberbegriffliche Benennungen

sind abstrakte Generalisierungen von Inhalten einer **Basisebene**. Existiert auf der Basisebene ein besonders typisches Objekt, welches in markanter Ausprägung Merkmalen der Oberebene entspricht, ist es ein Prototyp für die Bezeichnung auf der Oberebene.

Unter der Basisebene angeordnet ist die so genannte **Exemplarebene**. Auf ihr befinden sich konstituierende Merkmale und Einzelheiten für die Objekte auf der Basisebene.

Dieses hierarchische System zur Begriffsgliederung lässt sich zur Darstellung von Designkonzepten anwenden und ist für das Beispiel des Ultraleichtflugzeuges auf Bild 24 ausgeführt.

Zu Bild 25 ist anzumerken, dass die Skizze auf der Basisebene auf Bild 24 letztendlich aus Ungeduld vor der Findung der oberbegrifflichen Konzeptbezeichnung entstanden war, aber nach dem Füllen der Leerstelle auf der Oberebene doch geeignet erschien, einen zielgerichteten Entwurfsablauf zu ermöglichen. Von einem später erreichten Entwicklungsstand aus betrachtet, entspricht diese Skizze auf der Basisebene von Bild 24 nur ungenügend dem Merkmal „Fläche modelliert Luft". In der Anwendung auf das Flugzeug bedeutet diese Aussage minimalen Luftwiderstand durch z. B. minimale Querschnittsflächen des umströmten Körpers (siehe hierzu Punkt 5.5.3) – da aber nichts Besseres

Bild 24:
Vollständiges Designkonzept angelehnt an die Begriffshierarchie in der Prototypentheorie [35] nach der Initial- oder dem Schlüsselereignis vom 20.02.1997

Begriffsebene	Inhalt	Merkmale des Inhaltes
Oberebene	„Luftwandern", „Fliegen als Selbstzweck", „Fläche modelliert Luft" (20.02.1997)	Enthält sowohl Fakten- sowie episodisches Wissen als auch Emotionalität und prozedurales Expertenwissen in abstrakter Generalisierung
Basisebene	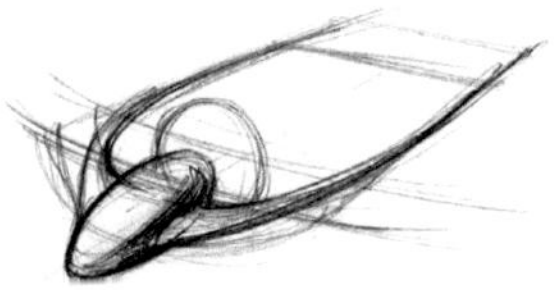	
Exemplarebene	Mechanische Baustruktur (Bild 25), Bauweise, 1 Person, Bauvorschriften und Zulassungsbestimmungen [36, 37, 39, 40] und vieles andere mehr. Teils zu jenem Zeitpunkt noch nicht bekannt.	Enthält Einzelwissen (Faktenwissen) zum zu findenden Begriff auf der Basisebene, welche diesen einengen und präzisieren.

zur Verfügung stand, wurden die Skizzenergebnisse vom 16.02.1997 auf Bild 25 der weiteren Arbeit zugrunde gelegt und hierfür als Startwert verwendet.

Die Exemplarebene im Flugzeugbeispiel enthält Sachverhalte, die im Erstentwurf eines fortzuschreibenden Lasten- oder Pflichtenheftes (Bild 23) bzw. einer Anforderungsliste enthalten sind. Bestandteile dieser Exemplarebene sind die Überlegungen zur Mechanik einer Flugzeugstruktur Bild 26. Dazu gehören des Weiteren die Bau- und Zulassungsvorschriften

[36, 37, 39, 40] [36, 37, 39, 40], die aerodynamische Auslegung des Entwurfes, seine konstruktive und herstellungsseitige Bestimmung und Durcharbeitung usw. In diesem sehr frühen Entwicklungsstadium ist das meiste davon als künftig für den Entwurfsablauf geltend bewusst und es ist ausreichend, Eckpunktparameter notiert und im Bewusstsein zu haben, so, wie auf Bild

siehe Seite 33 23 vermerkt.

Ein Designkonzept ist dann vorhanden, wenn sich auf der Basisebene ein Begriff befindet, der so vollständig wie zu jener Zeit möglich die

Bild 25: Erste Merkmale der Exemplarebene zusammenfasst und zugleich vollinhaltlich
Entwurfsskizzen vom der Generalisierung auf der Oberebene genügt.
16.02.1997 mit fluid ge-
zeichneten Skizzen

1. Startgedanke
2. Hinzukommen eines weiteren Gedankens
3. Innehalten

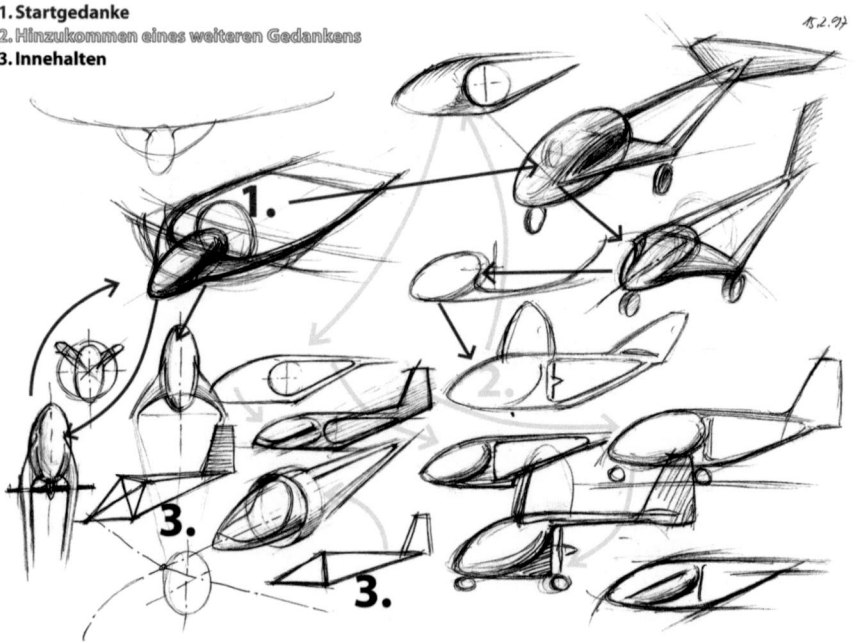

Der Begriff auf der Basisebene enthält in der Darstellung auf Bild 24 als siehe Seite 35 **Leitgedanke** das bearbeitbare Ziel als gegenständliches Ergebnis und Richtgröße für die Handlungsorganisation und -planung.

In der Konstellation zwischen einer jetzt gefundenen, generalisierten abstrakten Benennung auf einer begrifflichen Oberebene und Einzelmerkmalen und -eigenschaften auf der Exemplarebene kann dieser Basisbegriff, der in konkretem Fall schon vorhanden war, durch Zeichendenken als Bindeglied zwischen Ober- und Exemplarebene gefunden und in dieser Form externalisiert werden.

Es kann vermutet werden und ist durch viele Einzelbeobachtungen hinterlegt: Erkennungsmerkmal für ein gefundenes Designkonzept ist Zeichenhandeln, indem erstmals im Entwurfsablauf ein zielführender Gedanke gegenstandsähnlich zeichnerisch externalisierbar ist. Er füllt als Prototyp die Leerstelle auf der Basisebene aus, wenn zuvor Benennungen auf der Ober- und Exemplarebene gefunden waren, wie auf Bild 24 mit den hier geltend gemachten Einzelerklärungen veranschaulicht ist.

Wohl ist Zeichnen als Inhalt einer Oberebene möglich, jedoch nicht konkret ähnlich zum abschließenden Entwurfsgegenstand des Ergebnisses. So können „Luftwandern", „Fliegen als Selbstzweck" etc. in Symbolform oder als Metapher bzw. in anderer Form als Konnotationen zur denotativen Darstellung auf der Basisebene dargestellt werden. So verhält es sich auch bei geläufigen Beispielen wie „Möbel", „Vogel" u. a. zur Begriffshierarchie. Die Begriffe „Möbel" oder „Vogel" lassen sich nicht zeichnen. Wenn man das möchte, muss man einen Begriff auf der Basisebene wählen und

Bild 26:
Mechanische baustrukturelle Möglichkeiten vom 16.02.1997 nach dem „Innehalten" (Punkt 3. auf Bild 25). Diese Skizzen schließen an 3. auf Bild 24 an.

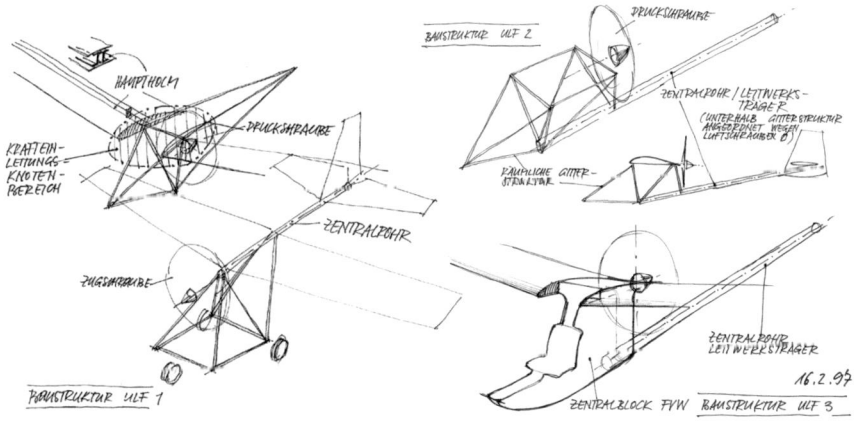

ihn als Typstellvertreter deklarieren (als Prototyp) oder eine Metapher oder ein Symbol dafür erfinden sowie dafür sorgen, dass es in einer Sprachkonvention in dieser Funktion verstanden werden kann.

Dieser Gedanke auf der Basisebene übernimmt eine Führungsposition in Verbindung mit den Inhalten der Ober- und Exemplarebene, deren Fixierungen er nicht widersprechen darf. Wegen dieser Leitfunktion wird dieser Gedanke auf einer begrifflichen Basisebene **Leitgedanke** genannt.

Daran lässt sich erkennen: Ein die gesamte Entwurfsarbeit tragendes Designkonzept ist gefunden, wenn zu einem abstrakten und generalisierenden Gedanken auf einer Oberebene und relevanten Einzelheiten auf einer Exemplarebene ein widerspruchsfreier Arbeitsbegriff auf der Basisebene gefunden wurde. Die Modalität dieses Begriffes ist im Beispiel das am Entwurfsgegenstand orientierte zeichnerische Bild mit einer gewissen ikonischen Ähnlichkeit zum gegenständlichen Entwurfsergebnis (welches noch unbekannt ist).

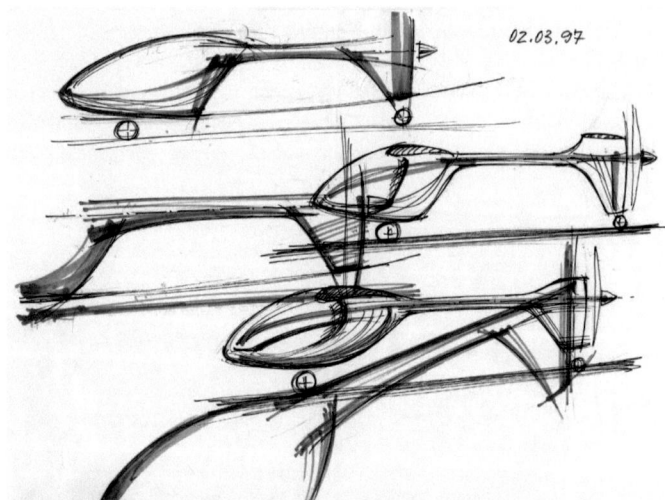

02.03.97

Bild 27:

Erste Entwurfsskizzen ausgehend von der zeichnerischen Externalisierung eines Startgedanken mit der Funktion des zielführenden Leitgedankens.

5.3 Der Weg zum hypothetischen Gesamtentwurf (AS 3)

Der Leitgedanke besitzt die Zielfunktion für ein gegenständliches Ergebnis und die Organisation eines Handlungsprogrammes. Auf Bild 25 sind erste Skizzen dargestellt, die voreilig entstanden waren. Eine wurde als Leitgedanke ausgewählt in der Hoffnung, diese Funktion auch erfüllen zu können.

Schaut man sich Einzelskizzen auf Bild 25 etwas genauer an, so wird man zwischen einigen sofort Ähnlichkeiten entdecken können, indem von Skizze zu Skizze die Weiterentwicklung eines Gedankens in Skizzenform erkennbar ist. Solche Zeichnungssequenzen können länger oder kürzer sein. Im Falle der einen Linie wird sie nach wenigen Schritten abgebrochen, um durch das Hinzukommen eines anderen Gedankens an anderer Stelle wieder aufgenommen zu werden. Es schließen sich Schritte an, die tastend ein Suchfeld abschreiten und dabei eine hohe Vielfalt an Möglichkeiten entdecken.

siehe Seite 36

Die Erkenntnis im Entwurfsbeispiel ist offenbar, vorerst einmal innezuhalten und sich den mechanischen Festigkeitszusammenhang einer Flugzeugstruktur, der dem gezeichneten Gebilde zugrunde liegen könnte, zu verdeutlichen. Skizze drei auf Bild 24 kennzeichnet dieses Innehalten für Strukturüberlegungen. Wobei die Überlegungen auf Bild 26 direkt an Skizze drei auf Bild 25 anschließen.

Fluides und Diskretes Zeichnen

Die Art des Zeichnens oder Skizzierens auf Bild 25 heißt **Fluides Zeichnen.** Fluides Zeichnen ist definiert als die Zeichnungsform des analytisch-synthetischen Bearbeitens von Gedanken, ausgehend von einem gedanklichen Startwert.

Fluides Zeichnen

Der Gegensatz zum Fluiden Zeichnen ist **Diskretes Zeichnen**, wobei ein Einzelgedanke dargestellt, aber nicht weiterbearbeitet wird.

Diskretes Zeichnen

Beim Fluiden Zeichnen erfolgt vorwiegend keine Externalisierung von fertigen Denkprodukten, vielmehr entstehen diese erst im sukzessiven Akt fluiden Zeichenhandelns. Fluides Zeichenhandeln fasst in dieser Formulierung zusammen: interne diskursive Denkabläufe in fortlaufenden Inferenzen und den sensumotorischen operationalen Anteil der Zeichnungsausführung einer Zeichnungshandlung. Die Zeichnungsausführung ist der Output einer Zeichnungshandlung und dieser Output wird zum sinnlich wahrnehmbaren Input als Bestandteil der folgenden Zeichnungshandlung.

Der Zusammenhang zwischen zwei Zeichenhandlungen wird in einem typischen, sich in angepasster Form als entwurfsmethodischer Grundbaustein mit universeller Gültigkeit immer wiederholenden, Bewertungs- und Ausführungsschritt hergestellt. Dabei steht ein nachfolgender Schritt, der mit dem aktuellen Ausführungsschritt in einer rückgekoppelten

Verbindung steht und diesen für die erneute Bewertung als Referenz benötigt in Zusammenhang. Dieser rückgekoppelte Ausführungsschritt, in welchem eine nächste Handlung vorbereitet und danach realisiert wird und die insgesamt auf das Ziel gerichtet sind, entspricht in etwa der für Problemlöseprozesse vielzitierten TOTE-Einheit (Test – Operate – Test – Exit) z. B. in [29], [10], [11], [42], [43] u. a., um nur einige zu nennen. Bei HACKER [56] sind es die Vorwegnahme-Veränderungs-Rückkopplungseinheiten (VVR-Einheiten), die solche Zusammenhänge beschreiben.

TOTE-Einheit
[10, 11, 29, 42, 43, 56]
VVR-Einheit

Ein jeweils gezeichnetes Ergebnis wird nach Kriterien der Funktionserfüllung (im weitesten Sinne) und des Gefallens beurteilt, indem die zugeordneten Fragen „Geht's?" bzw. „Wie geht's?" (technische Funktionalitäten) und „Wie sieht's aus?" (Gefallen) gestellt werden. Entsprechend dem Bewertungsergebnis werden teilzielorientiert die Operationen abgeleitet, mit denen eine zielführende Veränderung möglich erscheint.

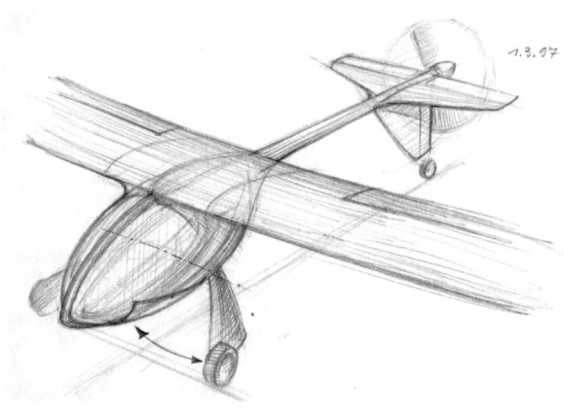

Bild 28:
Perspektivische Darstellung einer Entwurfsvariante aus Bild 25, die zuvor am 01.03.1997 entstanden ist

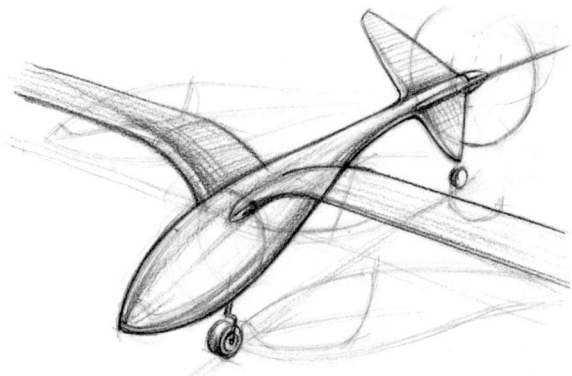

Bild 29:
Perspektivische Darstellung einer Entwurfsvariante vom 18.05.1997

Bewertet wird jeweils die „Geht's?"-Seite und die Seite „Wie sieht's aus?" Entsprechend dem Bewertungsergebnis werden Operationen durchgeführt, bis ein ausbalancierter Zustand beider Seiten erreicht ist. In der zusammenfassenden Beschreibung des Entwurfsbeispieles wird nochmals auf diese Bewertungs-Ausführungs-Rückkopplungseinheit im Designentwurfsprozess Bezug genommen. In diesem Vorgang eingebettet ist ihr Verlauf nach den Handlungsregulationskomponenten auf Bild 8.

Kapazitiv oder denkökonomisch betrachtet entspricht eine Zeichenhandlung komplett dem kurzzeitigen Speichervermögen des menschlichen Arbeitsgedächtnisses von 5-7 Merkeinheiten, die als CHUNK bezeichnet werden. Entwerferische Denkabläufe sind an diese Kapazitätsgrenze gebunden und ein Entwurf entsteht sukzessiv und kumulativ in der Zeit als Abfolge solcher kapazitiv begrenzter Einheiten.

siehe Seite 13

CHUNK – Merkeinheit des Arbeitsgedächtnisses

Werden diese Aussagen nochmals auf das handlungsregulatorische Modell auf Bild 8 bezogen, so ist dreierlei anzumerken:

1. Steht der sensumotorische Ausführungsteil einer Zeichenhandlung als nicht bewußtseinspflichtige automatisierte Fertigkeit zur Verfügung, so ist damit mentale Kapazität für den übrigen Teil der Zeichenhandlung gewonnen.

2. Aus 1. folgt, dass sich die Zeichenhandlung dann vorwiegend auf dem höheren, intellektuell-bewusstseinspflichtigen Regulationsniveau befinden kann und nicht unterbrochen oder gestört werden muss durch eine bewußtseinspflichtige Ausführung und Kontrolle auf dem niederen Regulationsniveau, z. B. von Bewegungen.

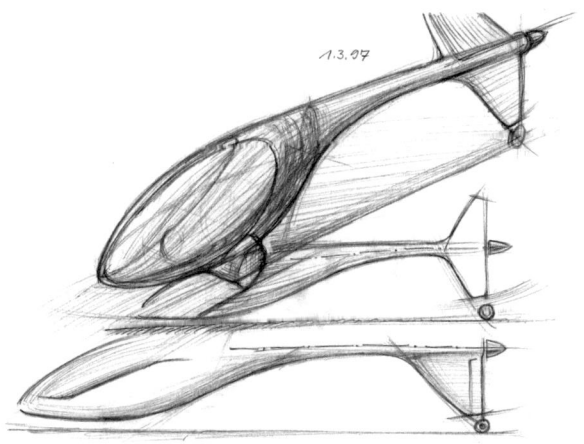

1.3.07

Bild 30:

Zeichnung vom 01.03.1997, in der die Entwurfsrichtung vom Bild 29 schon angedacht war. Man sieht: ein einmal begonnener Entwurfsweg wird nicht sprunghaft verlassen, sondern fluid zunächst in eine andere Richtung entwickelt, um zurückzukehren. Man ist einen Suchraum systematisch abgeschritten.

3. 1. und 2. zusammen bewirken, dass sich Zeichenhandlungen zu bewussten Handlungsketten formieren können, die eine ungestörte sequenziell-hierarchische Bearbeitungen von Entwurfsgedanken auf dem höchsten Regulationsniveau ermöglichen.

Bild 31:
Entwurfsfortsetzung Entenflugzug vom 26.05.1997. Oben links: man sieht einen Abkömmling des Flugzeugrumpfes aus Bild 30

Hierbei ist natürlich unterstellt, dass ein entwickeltes diskursives Denkvermögen mit den rechten Wissensinhalten verfügbar ist. Bei Entwurfsexperten ist es durch ihren speziellen „Wissenskörper" (Bezeichnung aus [51]) und die trainierte Verknüpfung von inferenten Gedankenabläufen mit der Sensumotorik des Ausführungsteils der Handlung gegeben.

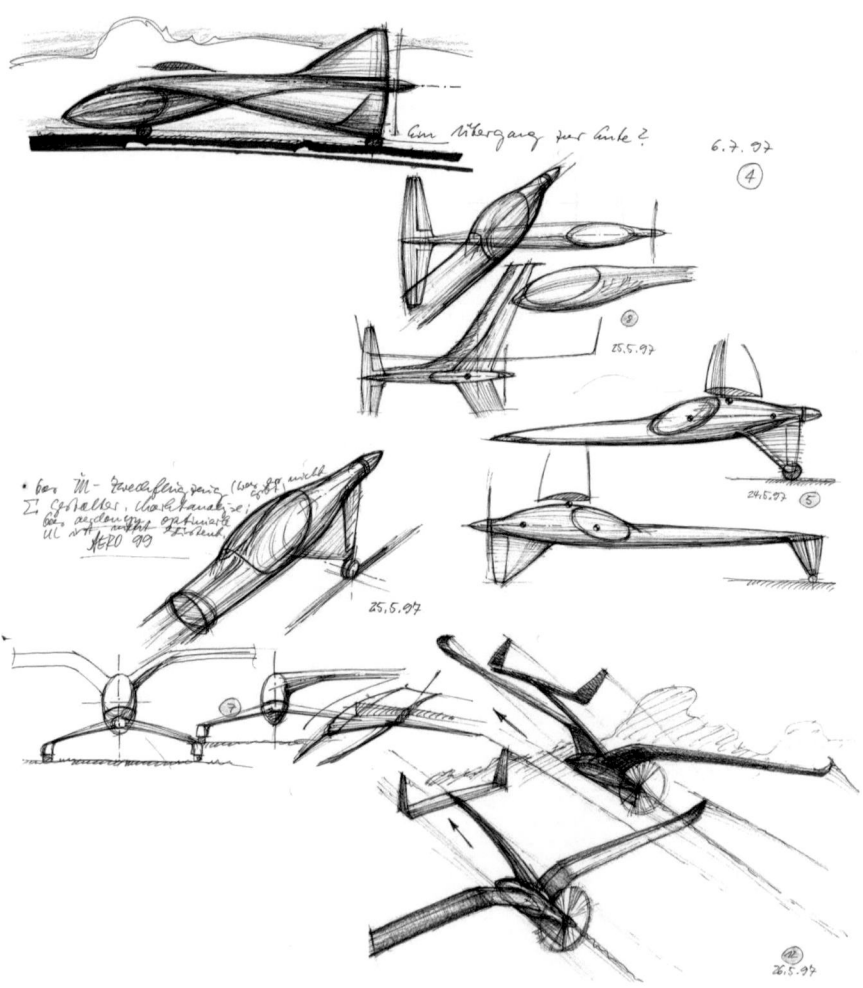

Die Bilder 28 bis 31 entstanden nach dem „Sonett"-Ereignis vom 20.02.1997, nachdem ein vollständiges Designkonzept gefunden worden war. Dessen Inhalt war tragfähig für einen Weg zur Ausführung eines hypothetischen Gesamtentwurfes, wobei dieser nicht geradlinig, sondern auf Umwegen verlief. Auf diesem Weg wurde stets auf die begriffliche Kompatibilität zwischen Ober- und Basisebene geachtet, eine sorgfältige Überprüfung der Passfähigkeit zu Inhalten auf der Exemplarebene erfolgte jedoch noch nicht, dies war auch nicht nötig. *siehe Bild 24*

Den Seitenansichten auf Bild 27 vom 02.03.1997 sieht man ihre Genese aus Darstellungen auf Bild 25 an und auf Bild 28 ist eine fluid entstandene Variante perspektivisch dargestellt, um bisherige Erkenntnisse zu veranschaulichen (und sich selbst am Ergebnis des bisher Erreichten zu erfreuen).

Diskursives inferentes Denken gepaart mit der Form des fluiden Zeichnens, gelegentlich unterbrochen durch Neueinfälle auf der Grundlage abgewandelter Fragestellungen, war bestimmend zum Erreichen dessen, was der weiteren Entwurfserarbeitung in Richung eines gültigen hypothetischen Gesamtentwurfes unterlegt worden ist. Am 18.05.1997 entstand der Skizzenentwurf auf Bild 29, welcher diesem Ziel schon nahe war, wenn man mit Bild 32 vergleicht. Aber schon vom 01.03.1997 gibt es eine Zeichnung, die sowohl die Darstellung auf Bild 29 vom 18.05.1997 und den hypothetischen Gesamtentwurf auf Bild 32 vorwegnimmt.

Dennoch wurde im Zielgebiet weiter systematisch nach zielführenden Ansätzen gesucht und dabei vorübergehend die Konfiguration eines Entenflugzeuges, wie auf Bild 31 dargestellt, für brauchbar gehalten.

5.4 Hypothetischer Gesamtentwurf

Der akzeptierte hypothetische Gesamtentwurf als Inhalt von Arbeitsabschnitt 3 wurde mit einem Flugzeug in klassischer Drachenkonfiguration erreicht, welches in seiner äußeren Form einem Segelflugzeug ähnelt, ein solches jedoch nicht ist.

Alle modernen Segelflugzeuge sind Hochleistungssportgeräte für einzelne Wettbewerbsklassen. Dieser Entwurf eines Ultraleichtflugzeuges ist an diesen Klassenmerkmalen von Sportgeräten vorbei definiert und beinhaltet in sich Merkmale, die von den Wettkampf-Reglements nicht gefordert sind. Für den Entwurf dieses Ultraleichtflugzeuges leitet sich aus dem Inhalt des Designkonzeptes auf der begrifflichen Oberebene ab: „Fliegen als Selbstzweck, Luftwandern". Die Ähnlichkeit zu einem Segelflugzeug resultiert aus dem Bestreben nach höchster aerodynamischer Qualität bei minimalem Luftwiderstand, wie es fast ideal bei modernen Segelflugzeugkonstruktionen erreicht wird. Für das UL ist dieser Anspruch in der Formulierung „Fläche modelliert Luft" zusammengefasst.

43

Gebrauchsmerkmale des Flugzeugentwurfes sollen zum Einen Eigenstartfähigkeit sein, woraus die Faltluftschraube im Flugzeugheck angetrieben über eine Fernwelle vom Motor im Schwerpunktsbereich resultiert. „Fliegen als Selbstzweck" und „Luftwandern" zum Anderen ist lautloses Dahingleiten in der Luft, im Prinzip so lange, wie man möchte. Bei zu geringer Höhe über Grund wird der Antrieb genutzt, um wieder soweit auf Höhe zu kommen, dass man erneut Segeln kann – diese Art des Fliegens heißt in der Fliegersprache „Sägezahnflug".

Eingeschlossen in den hier in Ausschnitten erläuterten Weg zum hypothetischen Gesamtentwurf, aber nicht sonderlich erwähnt, war die *[39, 36]* überschlägige Leistungsberechnung zum Flugzeug nach [39] und [36] *[37, 40]* unter Berücksichtigung von [37] sowie [40], seine aerodynamische und flugmechanische Grobauslegung in einer Vorgehensweise, wie sie auch *[38]* von THOMAS [38] empfohlen wird, überschlägige Berechnungen zur mechanischen Auslegung der Fernwelle für den Heckantrieb sowie erste Überlegungen zu einer Fahrwerkskonstruktion, zur Ergonomie und einzelnen Flugzeugkomponeten.

Bild 32:

Hypothetischer Gesamtentwurf mit Rumpf- und Leitwerksdarstellung in der Seitenansicht. Darstellung vom 19.07.1997, Abschluss vom Arbeitsabschnitt 3 im Juli 1997

5.5 Zergliedern in Teilaufgaben (AS 4) und deren Bearbeitung

Das weitere Vorgehen bei der Entwurfserarbeitung des Ultraleichtflugzeuges entspricht einem gewohnten ingenieurgemäßen Verlauf und bedarf keiner sonderlichen Erläuterung.

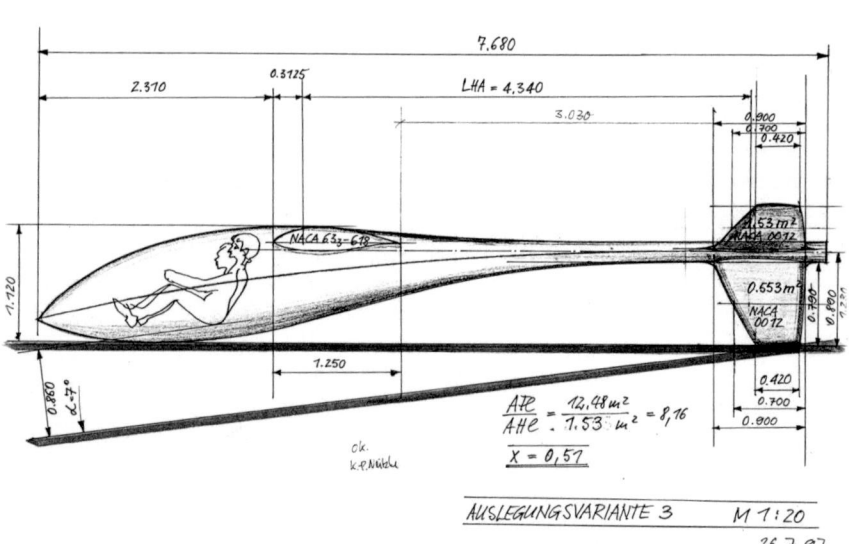

Der hypothetische Gesamtentwurf wurde in folgende Teilaufgaben zergliedert, die teilweise parallel und ineinander verschachtelt oder unabhängig voneinander bearbeitet worden sind. In der Erläuterung zu einzelnen Arbeitsschritten wird der Übersicht halber von den Verschachtelungen abgesehen und sie werden in einer geordneten Reihenfolge dargestellt, teils unabhängig davon, wann die Ereignisse stattgefunden haben.

1. Kurvenfinish und 3D-CAD-Modell

2. Package und Versuchsstand Cockpit-Ergonomie und Durchführung empirisch-sequenzieller Ergonomieuntersuchungen

3. Windkanalmodell und Windkanalversuche

4. Präsentations- und Flugerprobungsmodell im Maßstab M 1:3 und Flugerprobung

5. Untersuchungen zur Schallemission der faltbaren Heckluftschraube

Reihenfolge der Teilaufgaben

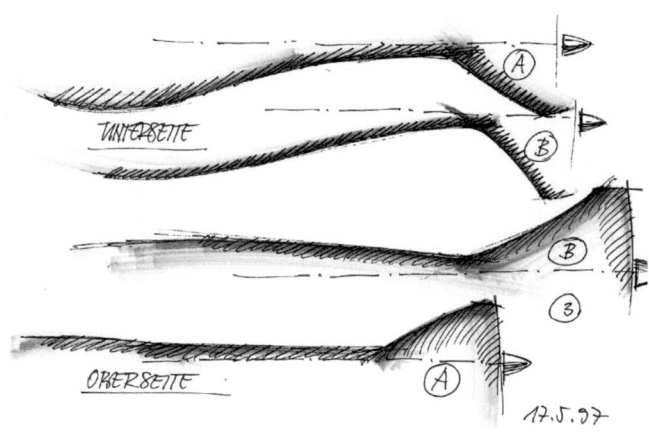

Bild 33:

Formulierung eines Gefallensproblems für die Rumpfseitenansicht vom 17.05.1997 für die spätere Bearbeitung

Bild 34:

Tape-Rendering aus dem Transportation Design

5.5.1 Kurvenfinish und 3D-CAD-Modelle

Die Kurven und Linienzüge des Flugzeuges müssen geometrisch (aerodynamisch) richtig sein und sie müssen gefallen. Durch diese Bestimmung handelt es sich bei den Kurven um ästhetische Kurven. Geometrisch richtige, d. h. krümmungs- und tangentenstetige Kurvenverläufe genügen durch diese Richtigkeit nicht automatisch den Anforderungen an ästhetische Kurvenqualität. Dafür müssen sie auf das Feinste abgestimmt werden, wozu man **Kurvenfinish** sagt.

Dieses ästhetische Gestaltungsproblem im noch unbestimmten Stadium des endgültigen Konturenverlaufes des Flugzeugrumpfes wurde mit der Darstellung auf Bild 33 formuliert.

siehe Seite 45

Gewöhnlich werden für das Kurvenfinish im Transportation Design so genannte Tape-Renderings angefertigt. Das Kurvenfinish findet im Transportation Design sehr ausgeprägt statt. Mit flexiblen selbstklebenden Kreppbändern unterschiedlicher Breite werden aus der Hand- und Armbewegung heraus und durch Peilung über eine gezeichnete oder zuvor getapte Unterlage die Kurvenzüge bestimmt. Beim Tapen wird in jedem Falle eine gezeichnete, zuvor getapte oder anderweitig entstandene Unterlage (im Wortsinn) für die Referenzierbarkeit der momentan auszuführenden Handlung benötigt.

Tape-Rendering –
siehe Bild 34

Einzuhaltende Maße für das Kurvenfinish ergeben sich aus den so genannten Referenzpunkten, -linien und -flächen, abgekürzt RPLF. Dabei handelt es sich um maßliche Fixierungen, die in jedem Falle einzuhalten sind und die sich im Bereich von Millimeterbruchteilen befinden können, was aber keine Schwierigkeit darstellt. RPLF können aus Maßfestsetzungen, aber auch aus rechnerischen Maßketten u. a. in Verbindung mit Bau- und

RPLF

Bild 35:
Für das Kurvenfinish
mit CAD aufbereitete
Unterlage auf der Basis
der Zeichnung von Bild 33

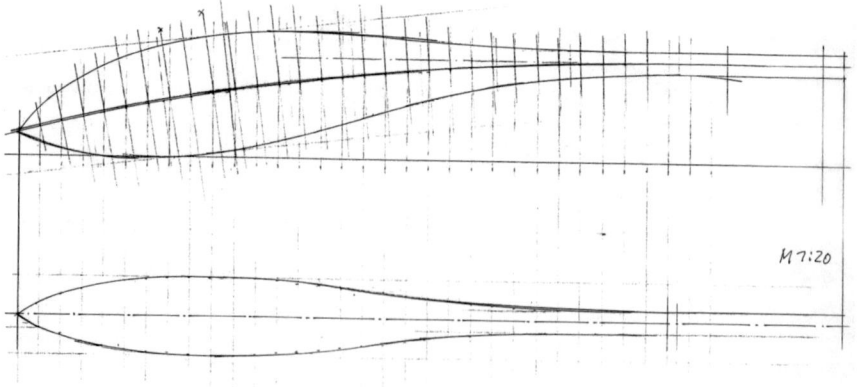

M 7:20

Zulassungsbestimmungen resultieren. RPLF bilden Markierungen auf der Unterlage, wo gefinishte Kurven entstehen sollen.

Beim Entwurf dieses Flugzeuges wurde davon abweichend vorgegangen, wobei eine hier nur andeutungsweise Erläuterung lediglich für die Rumpfkonturen gegeben wird. Die Zeichnung, welche die Seitenansicht des Rumpfes als hypothetischen Gesamtentwurf repräsentiert hat, wurde vermessen und die erhaltenen Maßwerte wurden als Rohdaten in den Rechner eingegeben. Die hierfür verwendete Zeichnungsunterlage auf der Basis der Darstellung von Bild 32 ist auf Bild 35 wiedergegeben. Diese war zugleich Grundlage für die Parametrierung der Kurven.

siehe Bild 32

Mit Hilfe eines Rechnerprogramms und der Zeichnung als Hintergrundbild sowie zusätzlichen bekannten Referenzmaßen erfolgte das eigentliche Finishen der Kurven mit rechentechnischer Unterstützung.

Es steht ein softwarenunabhängiges Verfahren zur rechentechnischen Generierung von Freiformkörpern unter anderem aus ebenen Zeichnungsdarstellungen zur Verfügung [44], [45], [46]. Dieses Verfahren heißt **Schnittansatz**. Dem Verfahren liegt die Erkenntnis zu Grunde, dass freigeformte Körper durch eine bestimmte endliche Anzahl von Schnitt- oder Aussichtskurven definierbar sind. In der Anwendung des Verfahrens werden schrittweise einzelne Kurven der Vorlage mit einem geeigneten CAD-System in eine parametrisierte rechnerinterne Darstellung überführt und so lange inter- und iterativ angepasst und modifiziert, dass sie

[44-46]

Bild 36:
Flächenmodell des Flugzeuges, modelliert mit ICEM*Surf*. Beinhaltet das Kurvenfinish auf der Basis der Zeichnungsunterlage von Bild 35

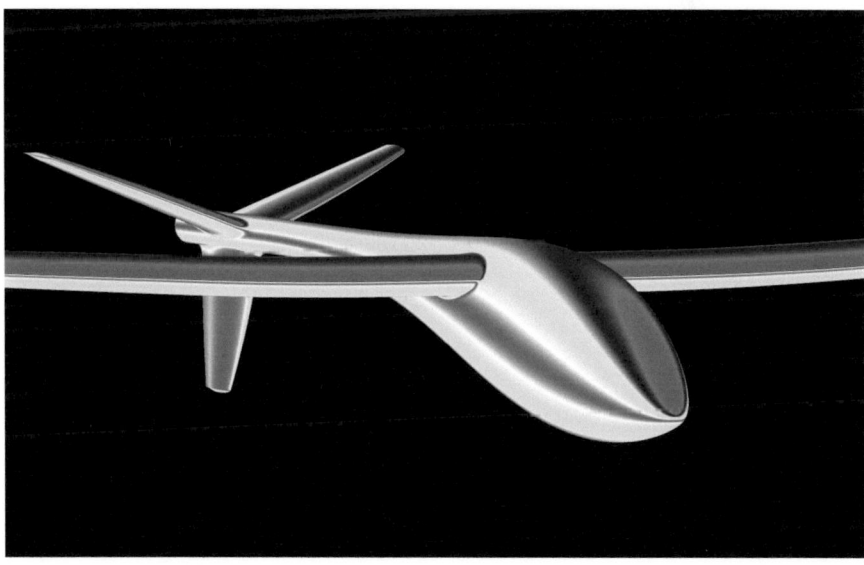

sowohl **richtig** sind – also allen relevanten RPLF genügen und z. B. wie beabsichtigt krümmungs- und tangentenstetig verlaufen – und **gefallen**, also gemeinsam ästhetischen Kriterien genügen. Nach dem bewussten Plan des Entwerfers als Handlungsprogramm entsteht schrittweise aus derartigen Kurven unter Verwendung von Hilfskonstruktionen der dreidimensionale freigeformte Körper als rechnerinternes 3D-CAD-Modell. Auf

vorherige Seite

Bild 36 ist das noch nicht vollständige Flächenmodell des Flugzeuges in einer Falschfarb-Darstellung abgebildet, wobei anhand dieser Darstellung die geometrische Flächenqualität beurteilt werden kann.

Heute ist sehr häufig die Auffassung anzutreffen, dass mit einem solchen virtuellen, körperhaften Entwurfsmodell das ästhetische Entwurfsziel schon erreicht sein könne. Diese Annahme ist so nicht richtig. Virtuelle Körperhaftigkeit kann reelle physische Körperlichkeit wegen fundamentaler Wahrnehmungs- und Urteilsunterschiede nicht ersetzen. In der Entwurfspraxis, z. B. im Transportation Design, ist diese wissenschaftlich seit langem bekannte Tatsache keine Fragestellung, weshalb dort der physische Entwurfskörper fester und nicht ersetzbarer Teil im Designprozess ist. Ein erster CAD-generierter Freiformkörper ist rechnergestützt auf seine maßliche und geometrische Richtigkeit in einem Maße überprüfbar, wie es kein anderes Werkzeug gestatten würde. Die Überprüfung und damit die ästhetische Veränderung des entworfenen und zu entwerfenden Körpers erfordert jedoch zwingend die Existenz realer physischer Entwurfsdarstellungen in einem Werkstoff, der eine mühelose Veränderung in Handarbeit ermöglicht.

5.5.2 Windkanalmodell und Windkanalversuche

Besser, als aufwendige aerodynamische und flugmechanische Berechnungen, wenn hierfür weder die Programme noch die Hardware zur Verfügung stehen, sind Windkanalversuche mit einem physischen Windkanalmodell zur Optimierung einzelner Parameter. Selbstverständlich ist mit dieser Aussage die Verfügbarkeit der „Hardware" Windkanal vorausgesetzt, die an der TU Dresden mit einem Niedergeschwindigkeitswindkanal erfüllt ist. Auf Bild 37 ist die Versuchsanordnung zur aerodynamischen *siehe nächste Seite* und flugmechanischen Optimierung des Entwurfes mit einem physischen Modell im Maßstab M 1:5,5 wiedergegeben. Dieses Windkanalmodell besteht aus glasfaserverstärkten Kunststoff und wurde manuell in einer Form gefertigt, die über die CAD-Datei des Flugzeugentwurfes auf Bild 36 *siehe Seite 47* CNC-fünfachsgesteuert aus Polyurethan-Hartschaumstoff gefräst worden ist.

Bei den Windkanalversuchen waren bei verschiedenen Anströmwinkeln der Flugzeugwiderstand für die Aufnahme von Messwerten für eine gemessene Flugzeugpolare, die Druckverteilung in einem bestimmten Tragflächensegment, Momente um die Flugzeugzeugquerachse und die wegen der besonderen Seitenleitwerkskonfiguration kritische Umströmung der Rumpfunterseite zu messen, bzw. zu bestimmen. Auf Bild 38 ist die mittels Rauchsonde sichtbar gemachte Umströmung der kritischen Rumpfunterseite zu sehen.

5.5.3 Package, Versuchsstand zur Cockpit-Ergonomie und Cockpitentwurf

„Package" ist die aus dem Automobilbau stammende Bezeichnung für die Anordnung technischer Komponenten untereinander und zum Menschen, der beim Auto ja gewissermaßen direkter Baubestandteil des technischen Objektes Auto ist. Es wird vom „Mechanical-Package" und vom „Seating-Package" gesprochen [47], wobei die erstgenannte *[47]* Bezeichnung die räumliche Anordnung aller technischen Bauteile wie Motor, Getriebe, Tacho, Federbeine usw. bis hin zu kleinsten Details umfasst. „Seating Package" betrifft die Positionierung von Fahrer, Beifahrer und mitfahrenden Personen nach ihrer Sitzposition, Erreichbarkeit von Bedien- und Anzeigeinstrumenten und anderer Gerätschaften an Bord, den Sichtverhältnissen nach außen usw. in der Zuordnung zu den technischen Komponenten des Fahrzeug-Interieurs.

Anstelle „Package" kann man auch von räumlicher Auslegung oder Anordnungskonstruktion sprechen, die in der Standardliteratur zur Konstruktionsmethodik nur in einem sehr geringen Maße behandelt wird. Am Beispiel des Automobils würde die vereinfachte Anordnungskonstruktion darin bestehen, alle Komponenten im Raum ver-

49

Bild 37: Versuchsanordnung mit dem Windkanalmodell des Flugzeugentwurfes im Maßstab M 1:5,5 im Niedergeschwindigkeitswindkanal der TU Dresden

Bild 38: Mittels Rauchsonde sichtbar gemachte Rumpfumströmung im kritischen Bereich der Rumpfunterseite

teilt und positioniert zu haben, ohne schon eine Gestellkonstruktion bzw. den filigranen Stützkörper der Rohkarosserie zur Verfügung zu haben. Im Automobilbau gehört das komplette Package respektive die abgeschlossene Anordnungskonstruktion zur Übergabeleistung an das Design und ist eine Grundlage für den Beginn der Entwurfsarbeit im Designprozess.

Die Anordnungskonstruktion bzw. das Package besitzen für den Designprozess technischer Produkte einen hohen Stellenwert und sind deshalb im Vorgehensplan auf Bild 1 im Arbeitsabschnitt 4 „Zergliedern in Teilaufgaben" unter der Bezeichnung „Anordnung der Module" als eine besondere Teilaufgabe genannt.

siehe Seite 3

Für das Flugzeug wurde innerhalb der Arbeitsabschnitte 3 „Hypothetischer Gesamtentwurf" mit ersten Grobuntersuchungen zum Package begonnen, die fortschreitend mit dem Entwicklungsablauf immer weiter zu detaillie-

Bild 39:

Package für den Bereich des Cockpits aus Arbeitsabschnitt 3 „Hypothetischer Gesamtentwurf" [49]

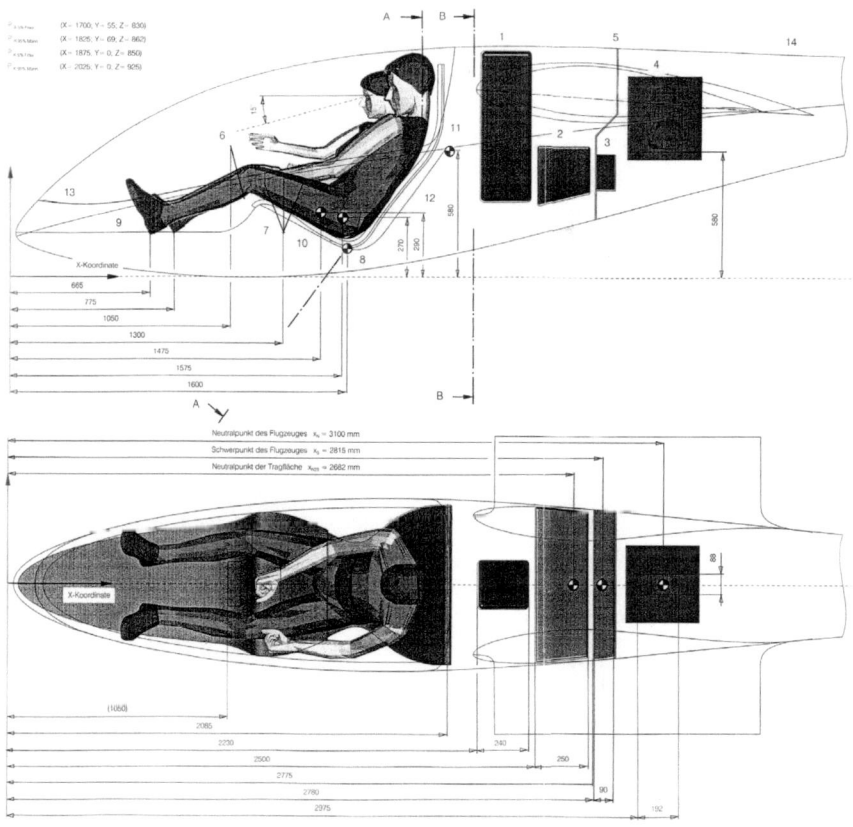

[49]

ren waren. Auf Bild 39 ist zur Veranschaulichung eine Anordnungslösung für den Bereich des Flugzeug-Cockpits wiedergegeben [49].

Eingeordnet in Arbeitabschnitt 4 „Zergliedern in Teilaufgaben" und deren Bearbeitung ist beim Entwurf dieses Flugzeug eine Untersuchung der Cockpit-Ergonomie vorgesehen, die mit dem auf Bild 40 und 41 abgebildeten Ergonomie-Versuchsstand durchgeführt worden ist.

Aber wofür war ein solcher Aufwand notwendig? Im Designkonzept für das Flugzeug war in der Formulierung auf der Oberebene die Bezeichnung „Fläche modelliert Luft" als Metapher für einen geringstmöglichen Luftwiderstand vorgenommen worden, was zur Auslegung des Flugzeuges nach segelflugzeugähnlichen Merkmalen führte. Für das Flugzeugcockpit resultiert daraus, einen Kompromiss zwischen der Körperhaltung und den Körpermaßen des Piloten und einer minimalen Querschnittsfläche des Rumpfkopfes finden zu müssen. Die für den Wettkampf ausgelegten Sportgeräte-Segelflugzeuge gehen von einer fast liegenden Körperhaltung des Piloten aus, was zu einer geringen Cockpithöhe führt. Auf Bild 40

Designkonzept Flugzeug:
siehe Bild 24, Seite 35

Bild 40:
Versuchsstand zur
Cockpit Ergonomie mit
Segelflugzeugpilot [50]

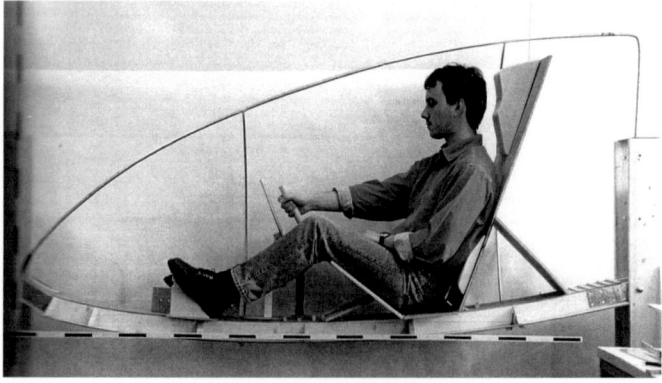

Bild 41:
Sitzhaltung einer
noch nicht pilotieren-
den Versuchsperson
im Versuchsstand zur
Cockpit – Ergonomie [50]

zum Versuchstand, in welchem die Versuchspersonen ihre Sitzhaltung individuell einstellen können, ist das deutlich zu erkennen, weil die hier abgebildete Person ein Segelflugzeugpilot ist. Diese Pilotensitzhaltung ist sicherlich keine, in der man „Luftwandern" und „Fliegen als Selbstzweck" betreiben möchte und kann. Noch nicht pilotierende Versuchspersonen stellten sich ihre Sitzhaltung entsprechend viel aufrechter ein, wie das Beispiel auf Bild 41 zeigt.

Mehr als auf diese eine, den empirischen Ergonomieuntersuchungen zugrunde liegende Problemstellung, soll hier nicht eingegangen werden. Diese und andere ergonomischen Untersuchungsergebnisse waren Grundlage für den Cockpitentwurf [49, 50]. In einem Modell der Begriffshierarchie zum Designkonzept auf Bild 42 wären sie als Merkmale auf einer Exemplarebene enthalten. *[49, 50]*

Der Entwerfer für das Cockpit hatte für die Oberebene die Bezeichnung „Fließen, Welle" gefunden und für die Basisebene jene Linie zeichnerisch formuliert, wie sie auf Bild 42 dargestellt worden ist [49]. *[49]*

Die Konzeptlinie auf der Basisebene von Bild 42 ist eine Konturkonzeptlinie im Längsmittelschnitt des Flugzeugcockpits. In der Darstellung des Designkonzeptes zum Flugzeugcockpit scheint der Zusammenhang zwischen Oberebene und Basisebene unmittelbar einsichtig zu sein und viel näher zusammen liegend als z. B. im Designkonzept für das Ultraleichtflugzeug als Ganzes, vergleicht man mit Bild 24. Die Bilder 43 und 44 zeigen den ausgeführten Cockpitentwurf in der Modelldarstellung im Maßstab M 1:3 [49].

Bild 42:
Das vollständige
Designkonzept für
das Cockpit des
Ultraleichtflugzeuges

Begriffsebene	Inhalt
Oberebene	„Fließen", „Welle"
Basisebene	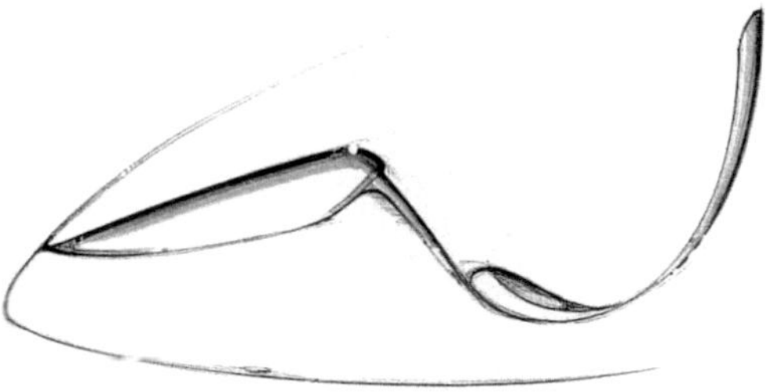
Exemplarebene	Ergebnisse aus den Sitzversuchen, Cockpitinstrumentierung, Bau- und Zulassungsvorschriften, usw.

Die Kritik an diesem Entwurf war, zu konventionell dem Segelflugzeug verhaftet zu sein und ungenügend die Konzeptformulierung für das Gesamtflugzeug auf der Oberebene „Luftwandern", „Fliegen als Selbstzweck" in die Gebrauchsfunktion des Flugzeuges übersetzt zu haben. Dazu sollten bzw. könnten bequeme und superkomfortable Einsteigbedingungen und traumhafte Sichtmöglichkeiten aus dem Flugzeugcockpit in die Ferne gehören. Weiterführende, nicht abgeschlossene Arbeiten brachten erste Ergebnisse wozu auf den Bildern 45 – 47 ein Beispiel wiedergegeben ist [55].

siehe Bild 45-47, [55]

Bild 43:
Modelldarstellung M 1:3
des Cockpitentwurfes mit
geschlossener Haube [49]

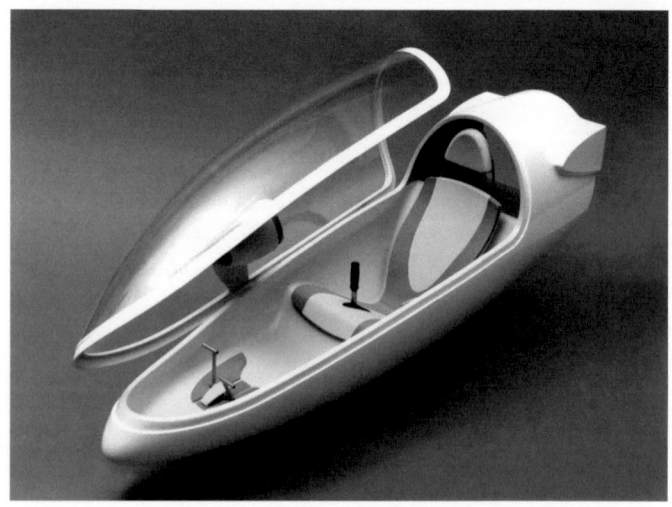

Bild 44:
Seitlich angeschlagene und
geöffnete Haube am phy-
sischen Modell M 1:3 des
Cockpitentwurfes [49]

54

Bild 45:
Cockpitvorentwurf mit
asymmetrischer Haube [55]

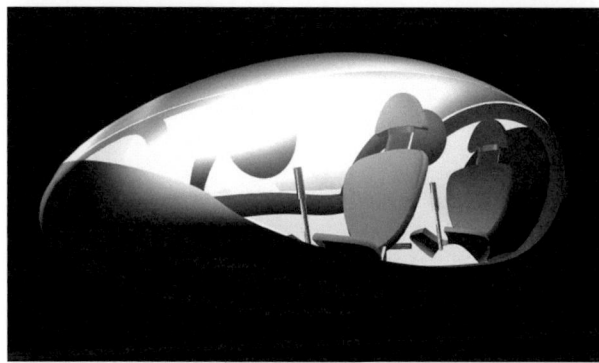

Bild 46:
Cockpitvorentwurf mit
asymmetrischer Haube
am erweiterten Entwurf
zu einem doppelseiti-
gen Ultraleichtflugzeug.
Einstiegsseite in das
Cockpit

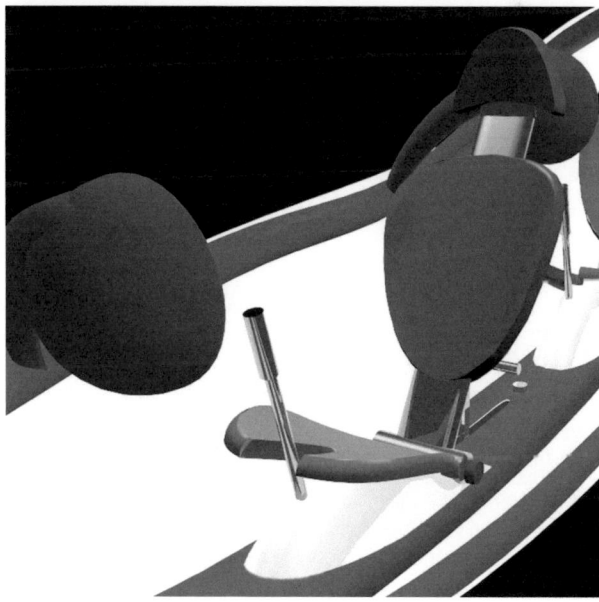

Bild 47:
Einstiegsituation in das
Cockpit mit asymmetri-
scher Haube

5.5.4 Schallemission der faltbaren Heckluftschraube

Für die Luftschraubenkonfiguration im Flugheck sind wegen des stark gerichteten anströmenden Luftstromes und seinem „Zerhacken" durch die rotierende Luftschraube hohe Schallemissionen zu befürchten, die eine Zulassung des Flugzeuges wegen Überschreiten der zulässigen Grenzwerte ausschließen würden. Von Strömungsmechanikern wurde die Situation jedoch nicht als hoffnungslos angesehen, weil sich bestimmte Variablen so einstellen lassen, dass die Grenzwerte eingehalten oder sogar unterschritten werden können.

Vor der Existenz eines flugfähigen Prototyps wird die Realisierung eines Antriebsversuchstandes auf der Basis von vorausgehenden Simulationsberechnungen empfohlen. Bild 48 zeigt diese Aufgabe als Angebot für das Thema einer Diplomarbeit am Institut für Strömungsmechanik der Fakultät Maschinenwesen der TU Dresden in der Form, wie sie zum Aushang gelangte.

5.6 Gesamtentwurf und konstruktiv-technologische Merkmale von Präsentations- und Flugerprobungsmodell im Maßstab M 1:3

Der Gesamtentwurf des eigenstartfähigen Ultraleichtflugzeuges, wie er im Ergebnis aller vorausgegangenen und hier nicht dargestellten Vorarbeiten entstanden war, ist auf Bild 49 in einer Drei-Seiten-Ansicht abgebildet, wobei auch die wichtigsten technischen Daten des Flugzeuges mit angegeben sind.

siehe nächste Seite

Bei der Darstellung auf Bild 49 handelt es sich um ein 3D-CAD-Modell, modelliert nach dem Verfahren Schnittansatz unter Verwendung der Software zur Freiformflächenmodellierung ICEM*Surf,* wie sie im Automobilbau zum Erreichen allerhöchster Flächenqualität nach der Erkenntnis „Fläche modelliert Licht" verwendet wird. In dieser Drei-Seitenansicht ist zusammengefasst, was als Gesamtentwurf bei dieser Entwicklung erreicht worden ist.

Ziel war es, unter Verwendung der erhaltenen Flächendateien zwei Modelle, ein Präsentations- und Ausstellungsmodell sowie ein funkferngesteuertes Flugerprobungsmodell im Maßstab M 1:3 als physisches Gebilde zu realisieren. Das virtuelle Flächenmodell war eine Grundlage für die Konstruktion dieser Modelle in Faserverbundwerkstoffbauweise und ihre bauliche Realisierung.

siehe Bild 50
siehe Bild 51

Alle Formen, die für den Bau der Modelle nötig waren, wurden nach der Datei des virtuellen Flächenmodells mehrachs-CNC-gefräst. Um von vornherein eine glatte Oberfläche erreichen zu können, wurden die Formen für die Schalenteile der Tragflächen negativ in einem Polyamid-ähnlichen

Schallemission eines Luftschraubenantriebes

Motivation:

Am Lehrstuhl für Technisches Design der TU Dresden wird derzeit die Entwicklung eines modernen ultraleichten Motorflugzeuges verfolgt. Die Konstruktion ist in einem fortgeschrittenen Stadium, derzeit erfolgt die Flugerprobung mit einem 1:3 Modell. Das Konzept basiert auf modernen Segelflugzeugkonstruktionen aus Faser-Verbundwerkstoffen. Der Antrieb erfolgt über eine faltbare Heckluftschraube, angetrieben vom im Schwerpunkt positionierten Motor über eine Fernwelle.

Um die Zulassung des Flugzeuges durch das Luftfahrt-Bundesamt zu erreichen, muss die Schallemission den »Lufttüchtigkeitsforderungen für dreiachsgesteuerte Ultraleicht-Flugzeuge« genügen.

Aufgabenstellung:

Die Anbringung der Luftschraube hinter dem Leitwerk verursacht eine besondere Problematik der Schallemission. Um die Emissionsintensität zu bestimmen, benötigt man das instationäre Geschwindigkeitsfeld und eine darauf basierende Berechnung des Schall-Fernfeldes. In dieser Diplomarbeit soll der erste Teil, die Berechnung des Geschwindigkeitsfeldes und die Bestimmung der Schallquellenverteilung, erfolgen.

Teilaufgaben:

1. Für eine gegebene Luftschraubengeometrie ist ein Rechengitter zu erstellen
2. Modellierung des Leitwerksnachlaufes als Einströmrandbedingung
3. Berechnung der instationären, näherungsweise reibungsfreien Strömung in einem mitbewegten Bezugssystem mit dem Rechenprogramm CFX-5
4. Analyse der Schallquellterme nach der Lighthill-Analogie
5. Vorschläge zur Reduktion der Schallemission (Änderung der Blattgeometrie, Änderung der Blattanzahl)

Fakultät Maschinenwesen
Institut für Maschinenelemente und Maschinenkonstruktion
Lehrstuhl Technisches Design
Prof. Dr. phil. habil. J. Uhlmann

Fakultät Maschinenwesen
Institut für Strömungsmechanik
Professur für Technische Strömungsmechanik und Magnetofluiddynamik
Prof. Dr.-Ing. N. Adams

Interessenten kontaktieren bitte:
Prof. Dr. Uhlmann
Tel.: 35751
e-mail: tdesign@rcs.urz.tu-dresden.de

Prof. Dr. N. A. Adams
Tel.: 37607
e-mail: Nikolaus.Adams@ism.mw.tu-dresden.de

TECHNISCHE
UNIVERSITÄT
DRESDEN

Bild 48: Aushang zum Angebot eines Diplomthemas zum Problem der Schallemission

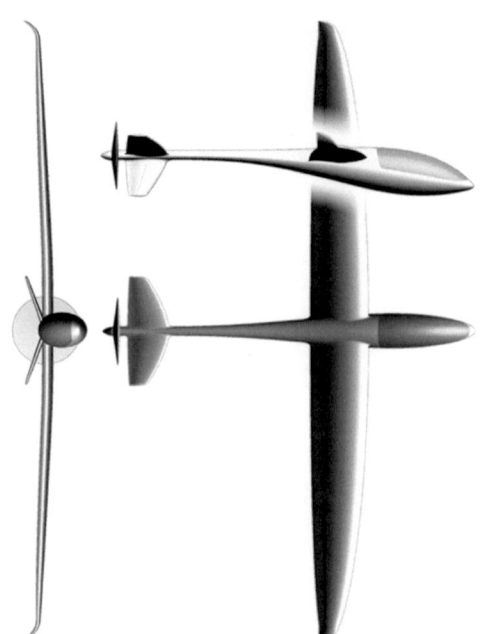

Technische Daten UL1

Entwurf	Prof. J. Uhlmann
Spannweite	13,27 m
Flügelfläche	12,48 m²
Streckung	13,27
Flügelprofil	FX 61-184
Flügelverwindung	2°
Flügelform	Ellipse mit Winglets
max. Flügeltiefe	1,25 m
mittlere Flügeltiefe	1,03 m
V-Form Tragfläche	3°
Querruderfläche	1,2 m²
Seitenleitwerksfläche	1,1 m²
Höhenleitwerksfläche	1,5 m²
Leitwerksprofile	LWK 80-120/K25
Leitwerkshebelarm	4,2 m
Max. Abflugmasse	< 295 kg
Flächenbelastung	23,6 kg/m²
Motor: 3-Sternmotor	430 cm³, 18,5 kW

Bild 49: 3-Seiten-Ansicht des Flugzeuges und Darstellung der wichtigsten technischen Daten

Bild 50: Präsentations- und Ausstellungsmodell des Flugzeugentwurfes im Maßstab M 1:3 im Terminal 1 des Flughafens Dresden-Klotzsche

Werkstoff gefräst, womit sie auch für die direkte Herstellung der Laminate für die Tragfläche geeignet waren. Bild 52 zeigt die Tragflächenformen mit den eingelegten Schalenteilen und einem einlaminierten Kohlefasergurt mit Hauptholmfunktion.

Bild 51: Funkferngesteuertes Flugerprobungsmodell in der Vorbereitung zum Bodenstart

Bild 52: Laminierwerkzeuge für die Schalenteile des Tragflügels mit eingelegtem Laminaten

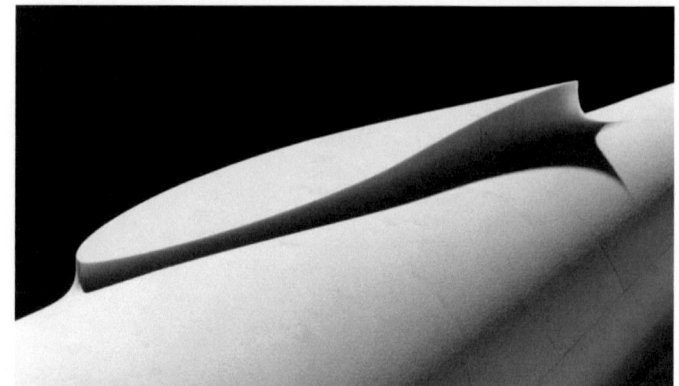

Bild 53:
Angeformter
Tragflächenanschluss am
Rumpf

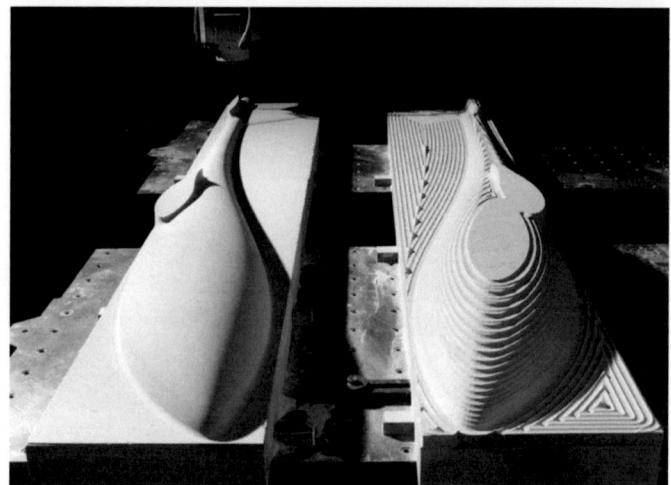

Bild 54:
Fräsen der positi-
ven Urformen für den
Rumpfteil mit angeform-
ten Tragflächenanschluss

Bild 55:
Herstellung der Negativ-
Werkzeuge für die
Schalenteile des
Flugzeugrumpfes

Für die Herstellung der Schalenteile des Rumpfes war es notwendig, die Formteile positiv mit angeformten Tragflächenanschluss in Polyurethan-Hartschaum zu fräsen, um danach die Negativ-Werkzeuge für die Rumpfschalenteile herstellen zu können.

siehe Bild 53-55

Von einer weiteren Erläuterung zur baulichen Fertigstellung der Modelle wird abgesehen, da hierfür keine berichtens- und nennenswerten Einzelheiten zu existieren scheinen, wie vom Autor eingeschätzt wird.

5.7 Zum Abschluss: Erreichte Entwurfsqualität des Ergebnisses und zum Verlauf des Entwurfsprozesses

5.7.1 Entwurfsergebnis

Entwurfsergebnis ist das gegenständliche Resultat eines selbststartfähigen dreiachsgesteuerten Ultraleichtflugzeuges, aber auch die Veränderung von Persönlichkeitsmerkmalen des Wissens und von Einstellungen, die durch den Entwurfsprozess und das -ergebnis entwickelt und modifiziert worden sind. Auf Letzteres wird nicht eingegangen, sondern nur auf das gegenständliche Resultat dieses Entwurfsprozesses unter einem ganz bestimmten Aspekt:

Wie kann das Entwurfsergebnis dieses Flugzeuges insgesamt eingeschätzt werden?

Bild 56:
Flugerprobungsmodell nach dem Abheben.
Flugplatz Kamenz/ Sachsen am 22.04.2002

Objektiv bewertbar sind seine Flugeigenschaften, zumindest die des Flugerprobungsmodells, das auf den Bildern 56 – 58 nochmals in verschiedenen Realsituationen abgebildet ist. Für die Flugerprobung war das Modell mit Messtechnik ausgerüstet worden.

Bild 57: Flugerprobungsmodell im Überflug

Bild 58: Flugerprobungsmodell im Tiefflug beim Überfliegen der Start- und Landebahn des Flugplatzes Kamenz/Sachsen

Objektiv bewertbar ist des Weiteren die geometrische Qualität der Flugzeugoberfläche, die als CAD-Modell höchsten Güteanforderungen einer so genannten CLASS-A-Fläche im Automobildesign entsprechen würde. Eine krümmungsdiagnostische Darstellung von formbestimmenden Konturen der Tragfläche und eine Falschfarbendarstellung einer Flugzeugdraufsicht sollen das verdeutlichen.

Schließlich sind die konstruktive und technologische Lösungsgüte, auf die im Text kaum oder nur am Rande eingegangen wurde, einer **objektiven Bewertung** zugänglich ebenso wie die erreichte ergonomische Qualität des Flugzeugcockpits, welches nach Messergebnissen aus dem Ergonomieversuchsstand ausgeführt worden ist.

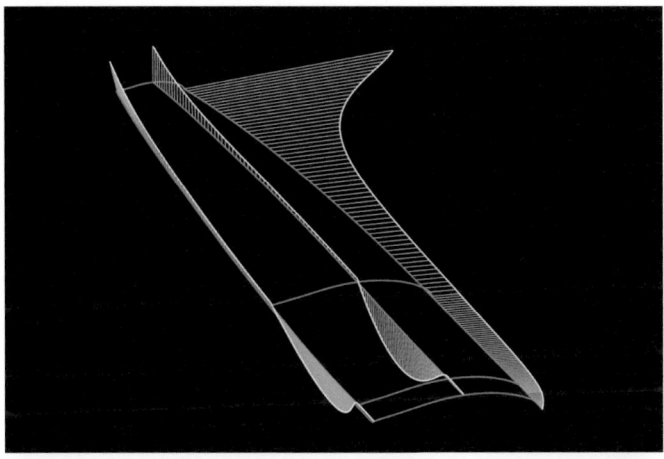

Bild 59:
Krümmungsdiagnose von geometriebestimmenden Tragflächenhauptkonturen

Bild 60:
Falschfarbdarstellung eines Ausschnittes der Flugzeugdraufsicht

Kritikwürdig an der Entwurfslösung des Cockpits ist, dass ein bequemes und unbehindertes Ein- und Aussteigen in bzw. aus dem Flugzeug, wie es sich ein Luftwanderer, der Fliegen als Selbstzweck betreibt, vorstellt, bisher noch nicht gegeben ist. Auch die jetzige Haubenlösung gestattet noch keinen unbeschwerten Blick in die Ferne, wie man es sich vorstellen könnte. Hier wurden Merkmale des Gesamtkonzeptes zum Flugzeug auf der Oberebene nicht in eine Lösung auf der Basisebene umgesetzt. Spätere

siehe Bild 45 – 47 Lösungsansätze standen zum Zeitpunkt noch nicht zur Verfügung.

All diese als Beispiel angeführten Sachverhalte lassen sich mehr oder weniger objektiv bewerten, weil sich objektiv messbare Werte oder Wertmaßstäbe angeben lassen. Die Nähe einer Lösung zu Markierungen auf einem Maßstab bestimmt, ob sie als richtig oder falsch gelten kann, wofür sich zulässige Toleranzmaße angeben lassen.

Insgesamt, so kann eingeschätzt werden, entspricht der Flugzeugentwurf anzulegenden objektiven bzw. objektivierbaren Kriterien in einem hohen Maße. Insofern muss er als weitgehend „richtig" gelten, indem er solchen Kriterien gerecht zu werden vermag.

Bild 61: Die beiden letzten fotografischen Abbildungen in diesem Text (Bild 61 und
Der Flugzeugentwurf ar- 62) zeigen das Flugzeug als Objekt, welches gefallen soll. Es wurde ja
rangiert als ein ästheti- auch mit der Absicht entworfen, sowohl richtig zu sein als auch gefallen
sches Objekt

64

zu können. Bei diesen fotografischen Aufnahmen wurde alles so arrangiert, dass das Flugzeug zu allererst als ein Objekt des Gefallens (oder Missfallens) wahrgenommen und beurteilt werden kann.

Bei einem Objekt, welches gleichermaßen richtig ist (was objektiv überprüfbar ist oder wäre) und gefallen soll und kann, handelt es sich um ein dem Technischen Design entstammendes ästhetisches Objekt – erinnert sei im Zusammenhang zu dieser Aussage an die Designdefinition zu Beginn dieses Beitrages auf Bild 4. *siehe Seite 6*

„Gefallen" beinhaltet einmal das Gefallen der Geometrie des Flugzeugs, ohne dass man dabei einen Inhalt dieses Gefallens beachtet. Das bedeutet die Bewertung auf einer rein **syntaktischen** Bewertungsebene. Bewertet man zusätzlich, ob die Formulierungen auf der Oberebene

Bild 62:
Ansicht des Flugzeuges von vorn und schräg unten. Das Flugzeug als ästhetisches Objekt

Designkonzept Flugzeug:
siehe Bild 24

des Designkonzeptes: „Luftwandern, Fliegen als Selbstzweck, Fläche modelliert Luft" oder anderen Assoziationen im Flugzeugentwurf umgesetzt worden sind und bemerkt werden können, dann handelt es sich um eine Bewertung auf einer **semantischen** Ebene als Feststellung und Bewertung einer Bedeutung. Die Realisierung der erwähnten Semantik war beabsichtigt und Bestandteil des zielführenden Leitgedanken auf der Oberebene des Designkonzeptes – siehe hierzu nochmals Bild 24.

Gestaltungsziel war ein Flugzeugentwurf, der semantisch der Oberebene des Designkonzeptes entspricht, in einer zur Zeichnung auf der Basisebene ähnlichen Gestalt, wobei all das „richtig" zu sein hatte.

5.7.2 Entwurfsergebnis und ästhetische Entwurfstätigkeit und -handlung

Das ästhetische Objekt als Entwurfsergebnis setzt voraus, dass die zugrunde liegende zielgerichtete Entwurfstätigkeit, die das Objekt aus einer ungewissen und unscharfen Ausgangssituation hervorgebracht hat, eine auf dieses Ziel gerichtete, ästhetische Entwurfstätigkeit ist. Als Einheit dieser Tätigkeit kann eine ästhetische Handlung angenommen werden, in der sinnvoll nicht weiter zergliederbar alle Momente oder Komponenten der gesamten Tätigkeit enthalten sind und in der sich bisher vereinzelt geäußerte Aussagen zusammenfassen lassen.

TOTE-Einheit, VVR-Einheit
siehe S. 40

Erinnert sei an die Ausführungen zu einer Bewertungs-, Ausführungs- und Rückkopplungseinheit beim Entwurfshandeln, die im Zusammenhang mit der Erwähnung der TOTE- und VVR-Einheit (Vorwegnahme-Veränderungs-Rückkopplungs-Einheit) erfolgten. Die hier angenommene Einheit wäre als **BAR**-Einheit abzukürzen. Jetzt lässt sich eine solche ästhetische Handlung etwas näher spezifizieren. Was kann als grundlegender Bestandteil für eine ästhetische Entwurfshandlung im Design, als ein vorerst nur hypothetisches Konstrukt angenommen werden?

1. Sie enthält einen Bewertungsteil, der objektive Größen als Ist-Soll-Vergleich zum Inhalt hat und die (angenäherte) Richtigkeit im Sinne einer technischen Lösungsgüte vergleicht.

2. Sie enthält einen Bewertungsteil, der die Lösung nach dem Gefallen nach inneren subjektiven Maßstäben bewertet und vergleicht, ob die technische (Minimal-) Lösung dem Gefallen genügt oder die technische Lösung einem „Gefallensvorsprung" anzupassen ist.

Für den inneren Aufbau des Gefallensteils können eine syntaktische und eine semantische Basis angenommen werden, wobei die syntaktische Basis (hier) geometrische Sachverhalte ohne jegliche darüber hinausgehende Bedeutung beinhaltet. Bedeutungen im allgemeinen Sinne sind Gegenstand der Semantik. Beide Sachverhalte sind bei hinreichender Qualifizierung getrennt behandel- und beurteilbar. Zusammengenommen ist Geometrie (Syntaktik) Träger von Bedeutung (Semantik), bzw. ist der Geometrie Bedeutung aufmodelliert. Auf diese notwendige Trennung wird in der nachfolgenden Darstellung verzichtet.

Beide Teile 1. und 2. existieren häufig nur quasi losgelöst voneinander, indem bei einer Gefallensbewertung („Wie sieht's aus?") die Richtigkeitsbewertung („Geht's?) angewendet wird, indem gefragt wird: „Geht das, damit es gefällt?" („Geht's, damit's aussieht?")

3. Eine Handlung enthält einen Ausführungsteil im Wesentlichen durch den sensumotorischen Akt der Hervorbringung einer Zeichnungs- (oder Modellier-) Sequenz. Mit diesem sensumotorischen Ausführungsteil findet die Handlung ihren Abschluss. Dieses Abschlussergebnis ist die Voraussetzung dafür, dass die vorausgegangen Bestandteile realisierbar sind, siehe hierzu auch Punkt 5 im folgenden Text.

Bei Entwurfsexperten ist der sensumotorische Ausführungsteil der Handlung automatisiert und für den weiteren Vollzug von „Richtigkeit" und „Gefallen" trainiert. Der zentralen Instanz des Arbeitsgedächtnisses steht damit nahezu seine Gesamtkapazität für entwerferische Wahrnehmungs- und Verarbeitungsprozeduren zur Verfügung. Für die Ausführungsregulation bedeutet das, dass auf der Grundlage einer kapazitätsoptimalen Verteilung von Anforderungen auf Ebenen unterschiedlicher Regulationsniveaus zwischen bewusstseinspflichtig für emotional-kognitive Anforderungen und nicht bewusstseinspflichtigem sensumotorischen Ausführungsniveau eine volle Zuwendung auf den Hauptinhalt der Tätigkeit möglich ist.

4. Ästhetische Handlungen sind zu Handlungsketten verknüpft, indem beim fluiden Zeichnen eine abgeschlossene Handlung auch über ihren ausgeführten externalisierten Teil als Output zum Input für die nächste Handlung wird. Der Output der vorausgegangenen Handlung besitzt für den folgenden Referenzcharakter sowohl für den Bewertungsteil des Gefallens und auch der Richtigkeit. Ist die folgende Handlung ausgeführt, erfolgt rückkoppelnd der Vergleich über die als Referenz genutzte vorausgegangene Externalisierung genauso, wie ein Vergleich zum internen Abbild vorgenommen wird. In einer Folge von Sequenzen solcher Handlungen wird auf der Basis von Bewertungsvorgängen so lange verändert, bis ein befriedigender und weiter zielführender Zustand erreicht worden ist.

5. Ausgehend von einer ästhetischen Handlung oder Handlungssequenz erfolgt, diesen Handlungsablauf hin und wieder unterbrechend, ein rückkoppelnder Soll-Ist-Vergleich zur Gesamtaufgabe oder einem großen Teilaufgabenbestandteil.

67

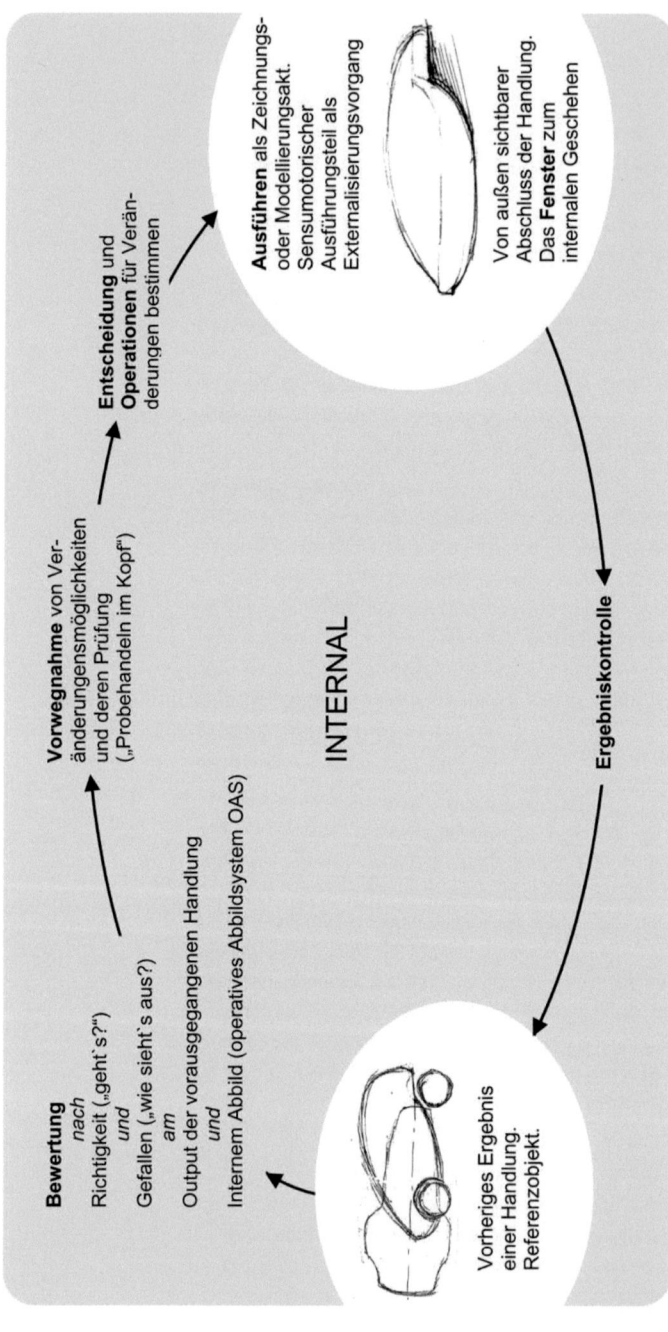

Bewertung
nach
Richtigkeit („geht`s?")
und
Gefallen („wie sieht`s aus?)
am
Output der vorausgegangenen Handlung
und
Internem Abbild (operatives Abbildsystem OAS)

Vorwegnahme von Ver-
änderungsmöglichkeiten
und deren Prüfung
(„Probehandeln im Kopf")

Entscheidung und
Operationen für Verän-
derungen bestimmen

Ausführen als Zeichnungs-
oder Modellierungsakt.
Sensumotorischer
Ausführungsteil als
Externalisierungsvorgang

Von außen sichtbarer
Abschluss der Handlung.
Das **Fenster** zum
internalen Geschehen

INTERNAL

Ergebniskontrolle

Vorheriges Ergebnis
einer Handlung.
Referenzobjekt.

Bild 63: Inhalt einer ästhetischen Entwurfshandlung im Design technischer Produkte. Unterstellt ist ihre Einbindung in einen fluiden Entwurfsablauf. Diese Handlung wird **Zeichenhandlung** genannt

Die Bezeichnung Bewertungs- und Ausführungs-Rückkopplungseinheit ist möglicherweise zu stark verallgemeinert in Verbindung mit dem Regulationsaspekten „Richten", „Orientieren", „Entwerfen", „Entscheiden" und „Kontrollieren" [29], [56] bei zielgerichteten Tätigkeiten, siehe hierzu auch Bild 8. Ohne deckungsgleich zu sein, lässt sich aber eine Abfolge von

[29, 56]

siehe Seite 13

Bewertung ➜ Vorwegnahme ➜ Entscheidung treffen und Operation ableiten ➜ Ausführung ➜ Ergebniskontrolle

annehmen, die in einer Bewertungs-Ausführungs-Rückkopplungseinheit (BAR-Einheit) enthalten sein sollen. Auf Bild 63 ist dieser Sachverhalt veranschaulicht.

BAR-Einheit

Aber wozu dieser nochmalige tiefere Untersetzungsversuch in Verbindung mit dem Entwurfsbeispiel?

Ästhetische Entwurfshandlungen beim Design technischer Produkte sind nach diesen Ausführungen und auf Bild 63 voneinander abgegrenzt und unterscheidbar durch ihr Externalisierungsprodukt einer hervorgebrachten Zeichnungs- oder Modelliersequenz. Über das Ergebnis dieses Ausführungsteils der Handlung sind sie einer Beobachtung zugänglich. Das bedeutet unter anderem, dass damit ein empirisch-experimenteller wissenschaftlicher Zugang zur Thematik Ästhetisches Entwurfshandeln im Design technischer Produkte gegeben wäre.

Die Wissensbestandteile einer ästhetischen Entwurfshandlung im Design technischer Produkte, aspektweise herausgelöst aus ihrer Abfolge in der

Bild 64:
Fluide Abfolge allererster Entwurfsskizzen zu einem Fahrzeugthema

Handlung, sind möglicherweise in sich (noch) komplexer, als in Bild 8 dargestellt. Sie repräsentieren bis auf die Ausnahme des „Ausführens" Gebilde mit schöpferischen nicht algorithmierbaren Anteilen, was ebenso ihre rückgekoppelte Verbindung untereinander betrifft.

siehe Bild 64 Schließlich sollen diese Ausführungen und Bild 64 auch verdeutlichen, dass das ästhetische Objekt Ultraleichtflugzeug als Ziel der gesamten Entwurfstätigkeit quasi im Mikrobereich der Tätigkeit in ihrer Einheit der Handlung stets als ein ästhetisches Handlungsziel bearbeitet worden ist und nicht nur, wie man außenstehend vielleicht annehmen könnte, zu einem bestimmten Entwurfszeitpunkt im Gesamtgeschehen.

Die vorausgegangen Erwägungen zusammengefasst soll es insbesondere auf das Folgende ankommen:

Die Einheit des Ästhetischen vollzieht sich in der Handlung. In ihr sind Richtigkeit und Gefallen unmittelbar miteinander verbunden. Die Handlung wird über das Externalisierungsresultat abgeschlossen. In einer Abfolge von Handlungen, z. B. beim fluiden Zeichnen, sind Handlungen gereiht zu einer Handlungskette durch das Externalisierungsresultat voneinander unterscheidbar, siehe hierzu die Bilder 64 und 65. Über das Externalisierungsresultat einer ästhetischen Entwurfshandlung besteht eine Zugangsmöglichkeit zum verborgenen internalen Geschehen.

Bild 65:
Zeichnerische
Untersuchung vorran-
gig einer „Geht's"-
Frage am gefundenen
Gefallens- Ergebnis
aus vorangegangenen
Überlegungen.

Die Zeichnungsskizzen auf Bild 64 sind retrospektiv in diese Reihenfolge geordnet, Unsicherheit in der Abfolge besteht für die ersten drei und die letzten beiden Skizzen.

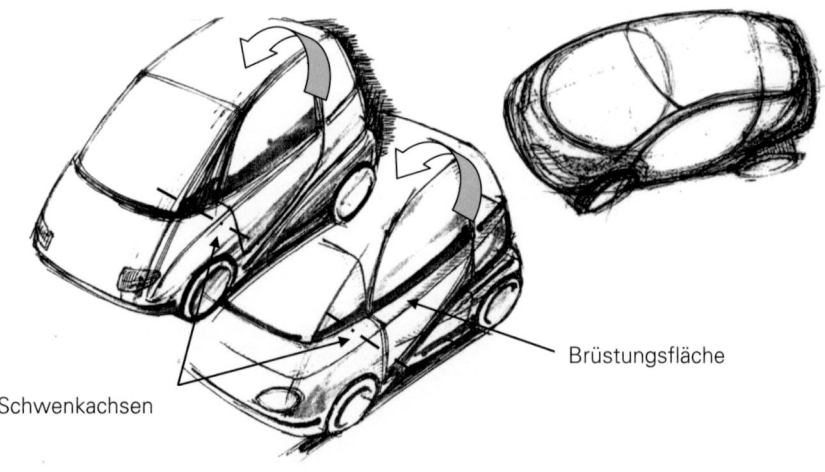

Brüstungsfläche

Schwenkachsen

Der ersten Skizze liegt sowohl eine „Geht's"- wie „Gefallens"- Entscheidung zu Grunde, die in vorausgegangenen Überlegungen gefallen war. Die Grundfrage war, ob sich ein Karosseriekörper finden lässt, der bei einem extrem kurzen Fahrzeugradstand gefallen kann und für den technische Realisierungsmöglichkeiten findbar sind. Der gefundene und beibehaltene Lösungsansatz war eine durchgängige Fläche vom Fahrzeugbug („Frontend") bis zum Fahrzeugdach. Zu untersuchen war ein angehobenes Fahrzeugheck (mit Leitgedankenfunktion zur Lösung dieser Teilaufgabe), um den aufgesetzten kurzen Karosseriekörper Richtungsdynamik und Leichtigkeit zu verleihen, was Hauptinhalt der Skizzenreihe auf Bild 64 ist.

In der dritten Skizze der Abfolge wird die technische Idee einer um einen Punkt schwenkbaren Tür notiert (Kriterium „Richtigkeit"), um zugleich abschätzen zu können, wie sich eine solche Kontur in die Kontur des gesamten aufgesetzten Körpers einfügen könnte (Kriterium „Gefallen"). Richtigkeit und Gefallen liegen hier unmittelbar zusammen im Sinne von: „Geht's, wenn's gefällt?" oder „Gefällt's, wenn's geht"?

Die beiden letzten Skizzen der Reihe zeigen gefundene Sicherheit in der Entscheidung, das Heck anheben zu müssen, was an der Deutlichkeit des „Vortrages" der Externalisierung kenntlich wird.

Man sieht an diesem Beispiel Bild 64 andeutungsweise die Möglichkeit eines Zuganges über das Externalisierungsresultat einer Zeichnungshandlung zu den internalen Vorgängen, zugleich aber auch die Unbestimmtheit und Schwierigkeit eines solchen Vorhabens.

Bild 65 enthält technisch-funktionelle Überlegungen zu Möglichkeiten einer nach vorn öffnenden Schmetterlingsflügeltür, die beim Schwenkvorgang innerhalb der Karosserieseitenwandfläche verbleiben kann. Die Tür soll über ein Gelenk an einer quer zur Fahrrichtung angeordneten Achse über dem Vorderrad im Bereich unterhalb der Windschutzscheiben und der vorderen Türfuge nach oben geschwenkt werden können. Dazu ist eine Brüstungsfläche zwischen den Fahrzeugscheiben und der Fahrzeugaußenhautfläche im unteren Karosseriebereich notwendig. Eine solche Fläche gliedert den Karosseriekörper, wofür viele Möglichkeiten existieren, von denen auf Bild 65 zwei dargestellt sind. Die Frage ist: Welche Möglichkeit gefällt am Besten bei einem identischen technischen Prinzip? Dieser Fragestellung angemessen sind die Darstellungen perspektivisch ausgeführt.

Die Einheit des Ästhetischen in der Handlung setzt Handlungskompetenz für „Richtigkeit" und „Gefallen" voraus. Die Handlungskompetenz der Richtigkeit ist die des konstruierenden Ingenieurs und es wird davon ausgegangen, dass hierfür ein bestimmter Kanon von vorzugsweisem Faktenwissen [11], u. a. zur Verfügung stehen muss, welches durch das Studium erworben wird. [11]

Als professionelle und spezialisierte Gefallenskompetenz in ihrer Verquicktheit mit technischer Kompetenz für die Richtigkeit muss die des Designers angenommen werden. Begründet in einer anzunehmenden Begabung und dem durch seine Ausbildung erworbenen Wissen, welches auf dem gesamten Wissenskörper fußt, wird eine überdurchschnittliche Gefallenskompetenz erworben. Über Gefallenskompetenz als ein subjektives Vermögen verfügt jedes Exemplar der Gattung Mensch. Durch diese Allgemeinheit erhält dieses Subjektive einen objektiven Charakter *[5]* [5] und nur deshalb ist Kommunikation über Gefallen auf der Grundlage eines entworfenen Gegenstandes möglich. Ergebnisse professioneller und spezialisierter Gefallenskompetenz durch ästhetisches Entwurfshandeln erhalten dadurch ihre Existenzgrundlage, gewissermaßen als einen allgemeinen Auftrag und werden auf der Grundlage eines allgemeinen Gefallensvermögens durch den Experten hierfür realisiert, um akzeptiert werden zu können.

5.7.3 Zusammenfassender Überblick über den Entwurfsverlauf

Das den Beitrag abschließende Bild 66 gibt einen zusammenfassenden Überblick über den gesamten Entwurfsverlauf, der hier mit dem „Zwischenereignis" vom 7.2.1997 beginnt.

siehe Seite 3 Wie es bei realen Produktentwicklungen nicht unüblich ist, ist der ideale Ablauf nach der Vorgehensplanung Designprozess entsprechend Bild 1 nicht ganz realisiert. Die Arbeitsabschnitte 1 „Aufgabe klären" und 2 „Designkonzept" sind zum Teil untereinander vermischt. D. h., in Bild 66.1 sind Inhalte, die „richtig" unter AS 2 „Designkonzept" darzustellen wären, unter AS 1 „Aufgabe klären" vermerkt.

Interessant im Zusammenhang mit Bild 66.1 und 67.2 ist das Folgende: Die beschriebene ästhetische Entwurfshandlung, würde man ihr prototypischen Charakter zugestehen und sie als exemplarischen Stellvertreter in einer Taxonomie vergleichbarer Handlungen ansehen können, wäre in einer solchen Form keinesfalls typisch für den gesamten Entwurfsablauf. Sie besitzt Gültigkeit für jenen Abschnitt des Entwerfens, wo auf der Grundlage eines vollständigen Designkonzeptes (was hinreichend gültige Ergebnisse aus AS 1 „Aufgabe klären" u. a. zur Voraussetzung hat) vorwiegend durch fluides Zeichnen zu entwerfen ist. Im Entwurfsbeispiel wurde – wie im Beitrag angeführt – zu früh mit der Externalisierungsform des Zeichnens begonnen.

Wie könnten andere prototypische Handlungen des ästhetischen Entwerfens beschaffen sein und wie viel davon sollten angenommen werden? Wie wären sie sinnvollerweise durch entsprechende Benennungen zu differenzieren? Die nachfolgenden Ausführungen hierzu sollen nicht mehr

AS1: Aufgabe klären

Initialereignis Entstehen einer Aufgabe Prüfung der Aufgabe zur eventuellen Annahme oder Ablehnung (Überlegungen zu: a) Wer macht Was mit Wem? und b) einem Phasenplan für eine Entwicklung)	7.2.1997 **„Könnten wir nicht eigentlich auch ein richtiges Flugzeug machen?"** 8./9.2.1997
Ausführung der Überlegungen vom 8./9.2.1997 und Formulierung einer allgemeinen Aufgabe	16.2.1997 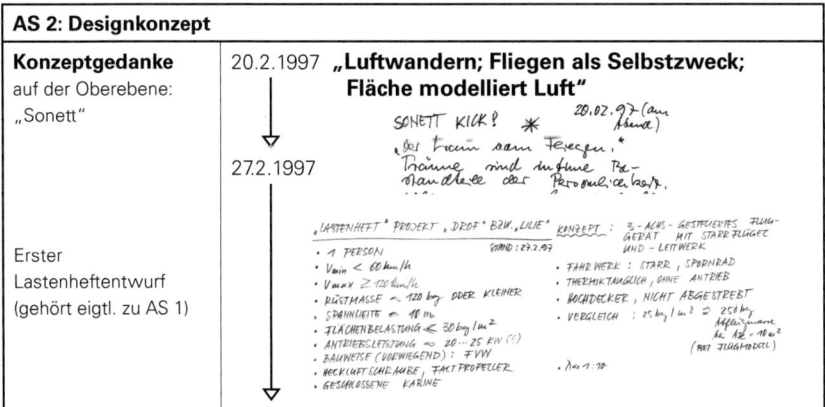
Allgemeine Aufgabe:	**„Entwicklung und Prototypenrealisierung eines Ultraleichtflugzeuges der TU Dresden"**
Erste Entwurfsskizzen und **Abbruch**; Grundsätzliche Überlegungen zu baustrukturellen Möglichkeiten	16.2.1997

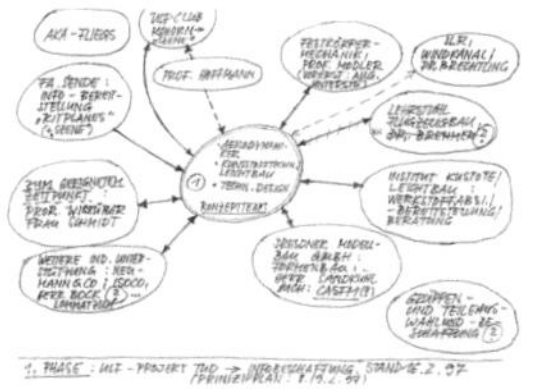

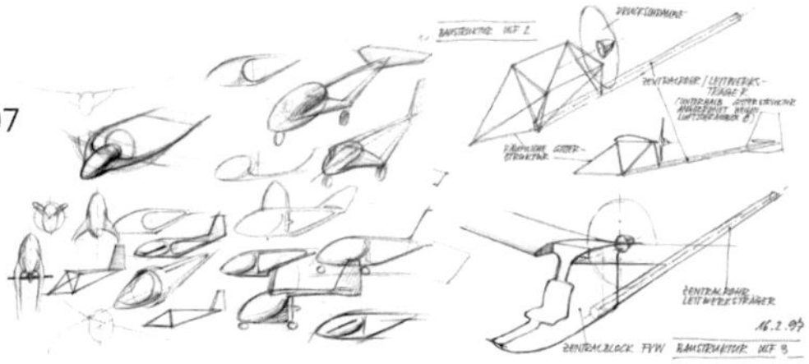

AS 2: Designkonzept

Konzeptgedanke auf der Oberebene: „Sonett"	20.2.1997 **„Luftwandern; Fliegen als Selbstzweck; Fläche modelliert Luft"** 27.2.1997
Erster Lastenheftentwurf (gehört eigtl. zu AS 1)	

Bild 66.1: Tabellarische Zusammenstellung des realen Entwurfsablaufes zum Ultraleichtflugzeug

AS 3: Hypothetischer Gesamtentwurf

Vorweggenommener Hypothetischer Gesamtentwurf in einer Variationsreihe zu Rumpfformen • • • Konfiguration „Ente" beim systematischen Abarbeiten eines Zielgebietes im Suchraum • • •	1.3.1997 ↓ 18.5.1997 ↓ 26.5.1997	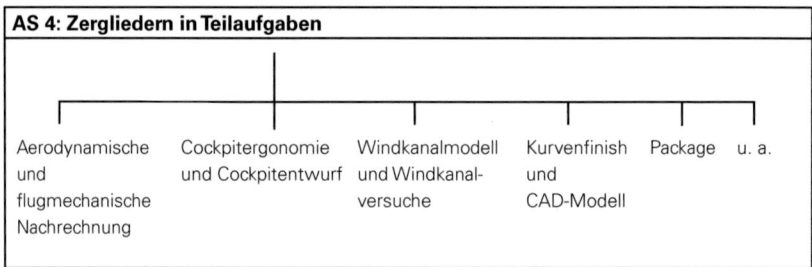
Hypothetischer Gesamtentwurf	26.7.1997	

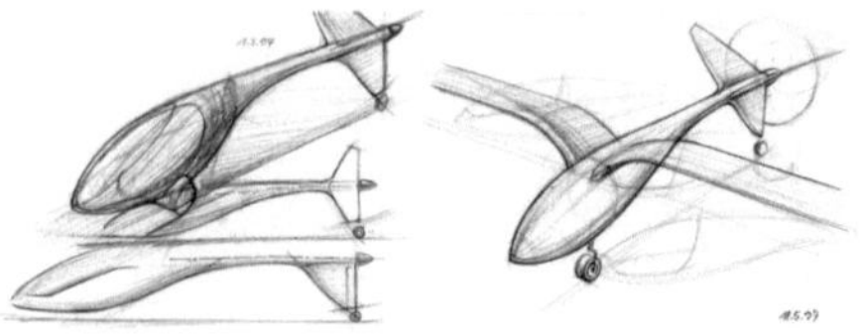

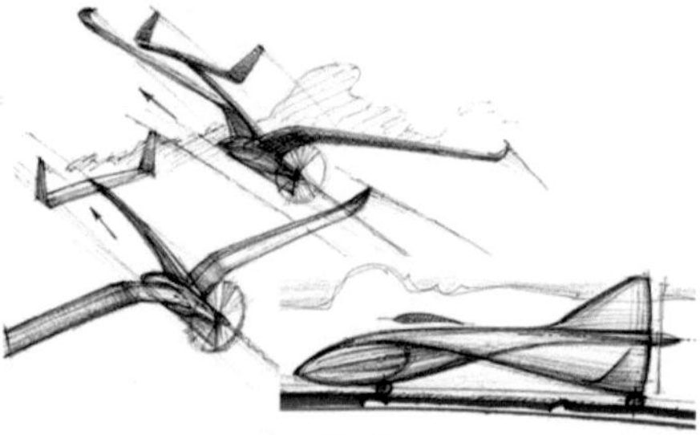

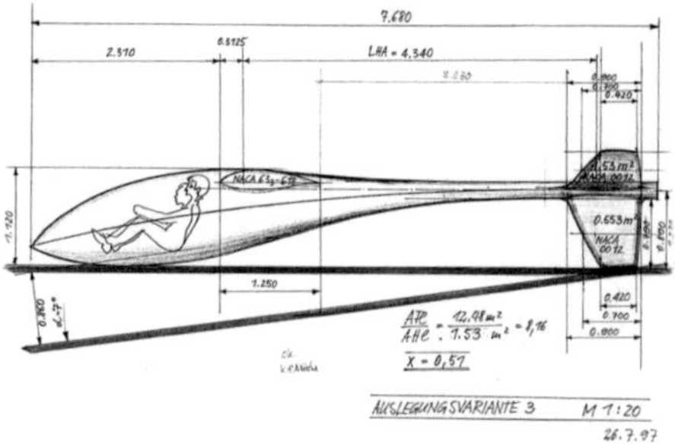

AS 4: Zergliedern in Teilaufgaben

Aerodynamische und flugmechanische Nachrechnung	Cockpitergonomie und Cockpitentwurf	Windkanalmodell und Windkanalversuche	Kurvenfinish und CAD-Modell	Package	u. a.

Bild 66.2: Tabellarische Zusammenstellung des realen Entwurfsablaufes zum Ultraleichtflugzeug

sein als erste Ideen. Und ob es sich dabei um abgrenzbare Handlungen oder wohl eher um Teiltätigkeiten in der Tätigkeit „Entwerfen" braucht, auch das soll hier dahin gestellt bleiben.

Die unter 5.7.2 dargestellte Handlung soll **(Ästhetische) Zeichenhandlung** genannt werden. Möglicherweise differenziert eine solche Handlung nur wenig zu einer Handlung des plastischen Modellierens, jedoch sind auch größere Unterschiede zwischen beiden denkbar. Je nachdem müsste zusätzlich eine weitere prototypische Entwurfshandlung mit der Bezeichnung „Modellierhandlung" oder „Plastisches Handeln" angenommen werden (oder auch nicht).

Die Annahme einer weiteren Entwurfshandlung ist für den Beginn eines Entwurfsprozesses nahegelegt, bei dem zielführende Externalisierungen bezogen auf ein vorweggenommenes gegenständliches Resultat untypisch zu sein scheinen oder gar nicht vorkommen. In ihr wären die Arbeitsabschnitte der Vorgehensplanung „Aufgaben klären" und zum Teil „Designkonzept" im Wesentlichen vereint. Diese Handlung könnte als **Internale (Ästhetische) Entwurfshandlung** bezeichnet werden. Auf den Bildern 66.1 und 66.2 ist hierzu veranschaulichend zu sehen, dass siehe Bild 66.1 und 66.2 am Anfang keine den realen Entwurfsgegenstand vorwegnehmenden Externalisierungen existiert haben.

„Internal" wäre hier so zu verstehen, dass keine gegenständlichen oder metaphorischen Externalisierungen erfolgen, die das Entwurfsergebnis betreffen. Äußere Planungen und Organisationsschemata, die innerhalb des Arbeitsabschnittes „Aufgabe klären" entstehen, sind Rahmenbedingungen, in welchen sich internales Entwurfshandeln vollzieht. Als Beispiel für diesen Sachverhalt können die Bilder 21 und 22 zur siehe Seite 31 und 32 Erläuterung des Flugzeugprojektes herangezogen werden.

Fortschreitend im Entwurfsablauf ergibt sich die Notwendigkeit, auf maßliche Exaktheit von Externalisierungen zu achten. Eine hinreichend maßliche Exaktheit der Ausführungsgeometrie des Entwurfes ist notwendig. Im Entwurfsbeispiel wurde dieser Qualitätsanspruch beim hypothetischen Gesamtentwurf erreicht, wie Bild 66.2 vermitteln soll. Diese entwerferische Qualitätsanforderung in einer endgültigen Ausprägung ist jedoch erst beim Entwurfsabschluss und der Ergebnisdarstellung zwingend erforderlich. Eine dafür prototypische Handlung könnte **(Ästhetische) „Finishhandlung"** genannt werden. Sie würde jedwedes Medium betreffen, bei dem geometrische Exaktheit das wichtigste Bewertungskriterium ist (als Ansichts- oder Tapedarstellung als sog. Formlinienplan, als physischer plastischer Körper maßstablich verkleinert oder originalgroß, als CAD-Modell u. a.). Zu beachten wäre, dass eine solche Finishhandlung je nach Medium andere Anforderungen stellt.

Es müsste schließlich für eine Bestimmung weiterer verallgemeinerter Entwurfshandlungen abgeschätzt werden, wie hoch ein kreativer Anteil ausgeprägt ist gegenüber vorwiegenden Ausführungsanteilen auf einem niederen Regulationsniveau. Denkbar, aber eher doch vorsichtig, kann diese Prototypenhandlung mit vergleichsweise geringen kreativen Anforderungen gegenüber verstärkter Anforderung auf einem niederen Regulationsniveau für die Arbeitsabschnitte der Vorgehensplanung „Zergliedern in Teilaufgaben und deren Bearbeitung" und „Maßstäblicher Gesamtentwurf" angenommen werden. Diese Handlung könnte **(Ästhetische) Ausführungshandlung** genannt werden. Diese Ausführungshandlung wäre zu einem großen Teil zugleich eine Finishhandlung.

Möglicherweise ist es also so, dass sich das Organisationsschema „Vorgehensplanung Designprozess" als Entwurfstätigkeit verstanden in eine Reihe prototypischer Handlungen als den Einheiten dieser Tätigkeit ausdifferenzieren lässt. Diese könnten sein (in der Abfolge ihres auch zeitlichen Auftretens):

1. Internale (ästhetische) Entwurfshandlung
2. (Ästhetisches) Zeichnungshandlung respektive (Ästhetische) Modellierhandlung oder Plastisches Handeln
3. (Ästhetische) Finishhandlung
4. (Ästhetische) Ausführungshandlung

Nimmt man nun alle Ausführungen dieses Beitrages zusammen, so soll als ihr Kern das **Erleben** technischer Produkte angesehen werden. In diesem Begriff sollen alle Aspekte eines ganzheitlichen Produkterlebens enthalten sein: der zu bewältigende Konflikt zwischen Konstruktions- und Designmethodik wie auch Ausführungen über das ästhetische Entwurfshandeln und dessen Rezeption durch einen Nutzer des Entwurfsobjektes.

Der Begriff der **Ganzheitlichkeit** umfasst demnach nicht mehr nur äußere messbare (objektive oder objektivierbare) Produktmerkmale. Ganzheitlichkeit entsteht vielmehr erst durch das Erleben der Produkte. Allerdings setzt ein Zugang zum Erleben die Akzeptanz von Subjektivität im dargelegten Sinne voraus.

Erlebbare Produkte als solcherart ganzheitliche Produkte – das soll zum Abschluss in einer prognostischen Aussage gewagt werden – können künftig den entscheidenden Wettbewerbsvorsprung auf den globalisierten Märkten erbringen, Die Entwicklung solcherart erlebbarer Produkte stellt damit eine **Schlüsseltechnologie** dar.

Literaturverzeichnis:

[1] Uhlmann, J. (1997): Kunst des Elementaren – Die Högnersche Grundlehre des visuell-ästhetischen Gestaltens im Produktdesign. Dresden: University Press

[2] Hückler, A. (1997): Bemerkungen zu Anfangspositionen im Industrie Design nach 1945 an der Kunsthochschule Berlin-Weißensee unter Rudi Högner S. 137-153. In: Sauerbier, S. D. (Hrsg.) Zwei Aufbrüche. Symposium der Kunsthochschule Berlin-Weißensee – Tagungsband – Berlin: Kunsthochschule Berlin-Weißensee

[3] Seeger, H. (1980): Technisches Design Kontakt & Studium, Band 54. Grafenau 1/ Württ: expert verlag

[4] Rodenacker, W. (1994): Methodisches Konstruieren. Grundlagen, Methodik, praktische Beispiele – Dritte überarbeitete Auflage – Berlin Heidelberg u. a. Springer Verlag

[5] Kant, I. (1790, 1974): Kritik der Urteilskraft. suhrkamp taschenbuch Wissenschaft Frankfurt am Main: Suhrkamp-Verlag

[6] VDI Richtlinie 2221 (05.1993): Methodik zum Entwickeln und Konstruieren technischer Systeme und Produkte. Düsseldorf: VDI-Verlag GmbH

[7] VDI VDE Richtlinie 2424 (1986, 1988): Industrial Design Blatt 1-3: Düsseldorf: VDI-Verlag GmbH

[8] Nels, W. (1968): In: FORM Fachzeitschrift für Gestaltung

[9] (1986): Bosch-Design (Firmenschrift). Grafisches Zentrum Technik, Ditzingen-Heimerdingen, Stuttgart: Robert Bosch GmbH

[10] Pahl, G.; Beitz, W.; Feldhusen, J.; Grote, K. H. (2003): Konstruktionslehre – Grundlagen erfolgreicher Produktentwicklung Methoden und Anwendung. Berlin Heidelberg u. a.: Springer-Verlag

[11] Ehrlenspiel, K. (2003): Integrierte Produktentwicklung – Denkabläufe Methodeneinsatz Zusammenarbeit. München Wien: Carl Hanser Verlag

[12] Koller, R. (1998): Konstruktionslehre für den Maschinenbau. Berlin Heidelberg u. a.: Springer-Verlag

[13] Roth, K.-H. (1994): Konstruieren mit Konstruktionskatalogen Band I. Berlin Heidelberg u. a.: Springer-Verlag

[14] Kintzen, H., Laufenberg, H.; Kurtz, U. (2000): Konstruieren, Gestalten, Entwerfen. Braunschweig Wiesbaden: Friedrich Vieweg Sohn Verlagsgesellschaft GmbH

[15] VDI Richtlinie 2220 (05.1980) Produktplanung, Ablauf, Begriffe und Organisation. Düsseldorf: VDI-Verlag GmbH

[16] Bürdek, B. E. (1971): Design-Theorie. Methodische und systematische Verfahren im Industrial Design. Stuttgart: Selbstverlag Bernhard E. Bürdek

[17] Bürdek, B. E. (1975): Designtheorie Beiträge zur Entwicklung von Theorie und Praxis des Industrial Design. Hamburg: Engelborn-Stiftung (Hrsg.) Redaktion Designtheorie

[18] Jakoby, J. (1993): Ein Beitrag zum wahrnehmungsgerechten Gestalten. Aachen: Shaker-Verlag

[19] Hückler, A.; Sitte, C. (1972): Arbeitsstufen der Gestaltung. In: Form + Zweck, Seite 9-11 Berlin: Ministerrat der DDR

[20] Frick, R. (1982): Designmethodik. Eine Einführung für Studierende. Halle Burg Giebichenstein: Hochschule für industrielle Formgestaltung

[21] Nomenklatur der Arbeitsstufen und Leistungen des Planes Wissenschaft und Technik. Berlin: Ministerrat der DDR

[22] Bayazit, N. (2004): Investigating Design: A Review of Forty years of Design Research. In: Design Issues: Volume 20, Number 1 Winter 2004, Cambridge, MA02142 USA: Massachusetts Institut of Technology

[23] Uhlmann, J. (1986): Industrielle Formgestaltung für Studenten technischer Grundstudienrichtungen. Dissertation B zur Erlangung des akademischen Grades Dr. sc. phil. Dresden: Technische Universität

[24] Uhlmann, J. (1992): Design für Ingenieure. Dresden: Technische Universität, Fakultät für Maschinenwesen

[25] Clauß, G. (Hrsg.) (1976): Wörterbuch der Psychologie. Leipzig: VEB Bibliographisches Institut

[26] Uhlmann, J. (Stand 2005): Design für Ingenieure – Ein Arbeitsbuch für Lehre und Forschung – Buchmanuskript. Verlagsvertrag mit Friedrich Vieweg & Sohn Verlagsgesellschaft Wiesbaden

[27] Uhlmann, J. (2002): Terra incognita. Technisches Design – feuilletonistische Beschreibung eines Forschungsfeldes unter dem Focus moderner Informationstechnologien, internes Material. Dresden: Technische Universität

[28] Bühler, K. (1907): Tatsachen und Probleme zu einer Psychologie der Denkvorgänge. I. über Gedanken. Leipzig: Wilhelm Engelmann

[29] Hacker, W. (1998): Allgemeine Arbeitspsychologie. Psychische Regulation von Arbeitstätigkeiten. Berlin Göttingen Toronto Seattle: Verlag Hans Huber

[30] Hacker, W. (2003): Psychische Regulation von Arbeitstätigkeiten. Projektberichte, Heft 22, März 2003. Dresden: Technische Universität, Institut für Psychologie I

[31] Hacker, W.; Richter, P. (2003): Psychische Regulation von Arbeitstätigkeiten. Forschungsberichte Band 41, Dezember 2003. Dresden: Technische Universität, Institut für Arbeits-, Organisations- und Sozialpsychologie

[32] Görner, R. (1973): Untersuchung zur psychologischen Analyse des Konstruierens. Dissertation. Technische Universität, Fakultät für Mathematik und Naturwissenschaften

[33] Sachse, P. (2002): Idea Materials. Entwurfsdenken und Darstellungshandeln – Über die allmähliche Verfertigung der Gedanken beim Skizzieren und Modellieren. Berlin: Lagos Verlag

[34] von Laucken, U. (1989): Denkformen der Psychologie. Dargestellt am Entwurf einer Logographic der Gefühle. Bern Stuttgart, Toronto: Verlag Hans Huber

[35] Rosch, E.; Mervis, C. D.; Grau, W. D. et. al. (1976): Basic objects in natural categories. Cognitive Psychologie, 8, 382-439

[36] Bekanntmachung von Lufttüchtigkeitsforderungen für dreiachsgesteuerte Ultraleicht-Flugzeuge (3-achs-UL) vom 21.06.99 Braunschweig: Luftfahrt Bundesamt

[37] Lufttüchtigkeitsforderungen für Segelflugzeuge und Motorsegler (JAR -22). Erste Durchführungsverordnung zur Bauordnung für Luftfahrgerät. 1. DV Luft Bau 0 – JAR-22 Change 5 vom 09. Juli 1998 Darmstadt: Luftfahrt-Bundesamt

[38] Thomas, F. (1984): Grundlagen für den Entwurf von Segelflugzeugen, Stuttgart: Motorflug Verlag

[39] Bauvorschriften für Ultraleichtflugzeuge (UL-Flugzeuge) 12. Oktober 1995. BFU des Deutschen Aero Club e. V. ohne Ort: Beauftragter des Bundesministeriums für Verkehr

[40] Bekanntmachung der deutschen Übersetzung der Bestimmungen der Jiont Aviation Authorities über technische Beschreibungen und Festlegungen der Luftfahrzeugausrüstungen (JAR – ISO deutsch) vom 16. März 1998. Bekanntmachungen über deutsche Übersetzungen der Bestimmungen der Jiont Aviation Authorities über Zulassungsverfahren für Luftfahrzeuge und zugehörige Produkte und Teile (JAR-21 deutsch) vom 16. März 1998. Bonn: Bundesministerium für Verkehr

[41] Roth, G. (2003): Fühlen, Denken, Handeln wie das Gehirn unser Verhalten steuert, Sahrkamp Taschenbuch Wissenschaft 1678, Sahrkamp Verlag Frankfurt am Main 2003

[42] Spada, H. (1992): Herausgeber Lehrbuch Allgemeine Psychologie, Bern, Göttingen, Toronto, Seattle: Verlag Huber

[43] Rutz, A. (1985): Konstruieren als gedanklicher Prozess (Dissertation) München: Technische Universität, Fakultät Maschinenwesen, Lehrstuhl für Konstruktion und Maschinenbau

[44] Uhlmann, J., Peter, F. (1994): Verfahren zur Herstellung von Freiformflächen; P 44 1/006.8 angemeldetes Patent vom 13.05.1994

[45] Uhlmann, J., Perter, F. (1995): Verfahren zur rechnergestützten Herstellung von Flächenkörpern: EP 95 11777.3-2206 angemeldetes Europapatent vom 11.11.1995

[46] Uhlmann, J. (2000): Verfahren zum direkten interaktiven, rechnergestützten Entwurf von physischen Froiformflächenobjekten: (Elngabepatent) AZ.: 10001 422.4 vom 25.03.2000

[47] Wichmann, H. (1987): Hrsg. Design Process Auto: Basel, Bosten, Stuttgart: Birkenhäuser

[48] Duden (2001): Mannheim, Leipzig, Wien, Zürich: Dudenverlag

[49] Liebers, H. (1999): Cockpitgestaltung für das Ultraleichtflugzeug UL 1 Diplomarbeit (unveröffentlicht), Dresden, Technische Universität, Fakultät Maschinenwesen, Lehrstuhl Technisches Design

[50] Gallasch, L. (1998): Cockpitgestaltung eines Ultraleichtflugzeuges, Diplomarbeit (unveröffentlicht) Dresden, Technische Universität, Fakultät Maschinenwesen, Lehrstuhl Technisches Design

[51] van der Meer, E. (1998): Inferenzen in Wissenskörpern in: Enzyklpädre der Psychologie Bd. 6, Göttingen, Bern u. a. Hogrete

[52] Uhlmann, J. (2000): Sätze (unveröffentlichtes lehrstuhlinternes Material) Dresden, Technische Universität, Lehrstuhl Technisches Design

[53] Reizentein, R; Meyer, W. U.; Schützwohl, A. (2003): Einführung in die Emotionspsychologie Band III. Kognitive Emotionstheorien. Bern, Göttingen, Toronto, Seattle; Huber

[54] Drtouy, A..; Clore, G. L. & Collius, A. (1998): The cognitive structure of emotiaus. Cambridge: Cambridge University Press

[55] Hacker, W. (1986): Arbeitspsychologie, Psychische Regulation von Arbeitstätigkeiten, Berlin, VEB Verlag der Wissenschaften

[56] Jahnscheck, P. (2002): Interieurgestaltung eines doppelsitzigen Ultraleichtflugzeuges. Semesterprojekt an der Hochschule für Kunst und Design Halle, Burg-Giebichenstein. Fachgebiet Industriedesign,

[57] Liebers, H; Liehr, T. (1998): Entwurf eines bruchunempfindlichen, anfängertauglichen RC-Flugmodelles, Großer Beleg (unveröffentlicht) Dresden, Technische Universität, Fakultät Maschinenwesen, Lehrstuhl Technisches Design